广西未来产业创新发展研究

李 雷 牛佳欣 邹宇昕 著

电子工业出版社
Publishing House of Electronics Industry
北京·BEIJING

内 容 简 介

本书围绕广西未来产业创新发展展开深入研究，构建了较为全面的研究体系，共包含九章内容：第 1 章"未来产业创新发展：新时代广西面临的重要命题"，强调未来产业创新发展对广西的重要意义；第 2 章"对未来产业的基本认识"，介绍未来产业的内涵、特征，明确创新发展的重点领域，分析不同行动主体的作用，阐述相关理论基础；第 3 章"广西未来产业创新发展基础与形势"，剖析广西未来产业创新发展的现状、成就、问题、机遇和挑战，提供现实依据；第 4 章"国内外未来产业创新发展经验与启示"，梳理国内外经验并总结启示；第 5 章"广西未来产业创新发展总体思路"，提出总体发展思路；第 6 章"广西未来产业创新发展重点任务"，针对"优中培精""有中育新""无中生有"三类产业提出发展方向；第 7 章"广西未来产业创新发展八大工程"，从规划引导、创新能力提升等多个方面制定发展策略；第 8 章"广西未来产业创新发展四大保障"，从营商环境、要素配置、管理模式和监督评估四个方面展开；第 9 章"广西未来产业创新发展典型案例：七大主体的视角"，呈现不同的实践经验。

本书适合对广西产业发展、未来产业创新感兴趣的政府部门工作人员、企业管理者、科研人员、高校师生等阅读参考，旨在为推动广西未来产业创新发展提供理论与实践指导。

未经许可，不得以任何方式复制或抄袭本书之部分或全部内容。
版权所有，侵权必究。

图书在版编目（CIP）数据

广西未来产业创新发展研究 / 李雷等著. -- 北京：电子工业出版社, 2025. 6. -- ISBN 978-7-121-50361-0

Ⅰ. F127.67

中国国家版本馆 CIP 数据核字第 20256XP550 号

责任编辑：桑　昀
印　　刷：北京天宇星印刷厂
装　　订：北京天宇星印刷厂
出版发行：电子工业出版社
　　　　　北京市海淀区万寿路 173 信箱　邮编：100036
开　　本：720×1000　1/16　印张：11.75　字数：236 千字
版　　次：2025 年 6 月第 1 版
印　　次：2025 年 6 月第 1 次印刷
定　　价：88.00 元

凡所购买电子工业出版社图书有缺损问题，请向购买书店调换。若书店售缺，请与本社发行部联系，联系及邮购电话：(010) 88254888，88258888。

质量投诉请发邮件至 zlts@phei.com.cn，盗版侵权举报请发邮件至 dbqq@phei.com.cn。
本书咨询联系方式：xuqw@phei.com.cn。

第一作者简介

　　李雷，男，华南理工大学博士，浙江大学博士后，美国加州大学河滨分校访问学者。现任桂林理工大学商学院党委副书记、院长、教授、博士生导师，兼任中国高等院校市场学研究会常务理事、中国科学学与科技政策研究会产学研合作专业委员会委员、广西资源环境科技创新与绿色低碳发展研究智库主任、桂林市人大常委会人才智库专家、桂林理工大学社科联秘书长等。主要从事服务管理、创新创业管理、战略管理方向的教学、科研及社会服务工作。入选广西八桂青年学者、广西十百千人才工程第二层次人选、桂林市拔尖人才。主持国家自然科学基金面上项目、国家博士后基金面上项目（一等资助）、广西重大课题招投标项目等科研项目17项。主持广西高等教育本科教学改革工程重点项目、广西新文科研究与实践项目等教改项目15项。以第一/通讯作者公开发表学术论文52篇。以第一作者出版著作5部、教材1部。以第一完成人获得广西社会科学优秀成果二等奖2项，获得桂林社会科学优秀成果一等奖1项、二等奖1项。入选"2024中国知网高被引学者TOP 1%"名单。

前　言

在全球经济格局深度调整与科技革命浪潮汹涌澎湃的当下，未来产业已然成为各国家和地区角逐的关键领域，承载着引领经济增长、重塑产业格局的重任。作为我国面向东盟的前沿阵地，在"一带一路"倡议、西部陆海新通道建设、平陆运河建设等多重战略机遇叠加的时代背景下，广西未来产业的发展态势不仅关乎自身经济的跨越腾飞，更对区域经济协同发展及对我国在国际经济合作中的地位有着深远影响。

长期以来，在产业发展的研究与实践中，广西产业发展存在一定认知偏差，部分观点将未来产业视作传统产业的简单延伸，忽视其颠覆性创新特质与前瞻性战略价值。这种局限导致广西在全球产业竞争中难以发挥资源与区位优势，错失抢占产业制高点的先机，在新兴技术研发投入、创新人才培养引进、前沿产业项目引进等方面滞后，制约了经济发展与产业结构升级。这一问题背后是传统产业发展逻辑思想的束缚。传统发展逻辑思想形成于稳定经济环境，注重基于现有资源和技术的渐进式发展，强调规模经济与成本控制。在这种思想的主导下，广西产业过度依赖自然资源与劳动力成本优势，对科技创新、产业融合及市场需求动态变化敏感度不足。例如，在数字经济时代，一些传统制造业未能及时融入大数据、人工智能等新兴技术，致使其生产效率提升缓慢，产品附加值难以提高，在国际市场竞争中处于劣势。

随着时代的飞速迈进，全球产业发展格局正经历着深刻变革。科技的迅猛发展，如人工智能、生物技术、新能源技术等领域的重大突破，催生了一系列新兴产业，重塑了产业发展的边界与模式。与此同时，广西正处于经济转型与产业升级的关键节点。一方面，传统产业面临着资源与环境约束加剧、市场竞争激烈等困难，迫切需要寻找新的经济增长点与发展动力源；另一方面，广西拥有独特的区位优势、丰富的自然资源及日益完善的产业基础，为未来产业的发展提供了坚实支撑。在这样的形势下，重新审视和深入研究广西未来产业发展迫在眉睫。我们不能再局限于传统产业的发展逻辑，而应积极探寻一种全新的发展理念与模式，以适应时代发展的需求。本书以创新驱动、协同发展、开放合作等理念为指引，深入剖析广西未来产业发展的现状、机遇与挑战，系统研究未来产业的发展路径与策略。

本书构建了较为系统的研究框架，涵盖了广西未来产业发展的多个层面。从理论层面梳理产业经济学、区域经济学等相关理论基础，为未来产业发展研究提供坚实的理论支撑；深入分析广西未来产业的发展基础，包括产业结构、创新能力、开放合作等方面的现状，总结发展成就，剖析存在的问题；广泛借鉴国内外未来产业发展的成功经验，结合广西的实际情况，提出有针对性的发展思路与战略举措；从空间布局、重点任务、保障措施等多个维度，为广西未来产业发展绘制详细的蓝图。

对于学术研究而言，本书丰富了区域未来产业发展的理论研究，为后续学者深入探究提供了新的视角与思路；对于政府决策部门而言，本书为制定科学合理的产业政策、规划未来产业发展方向提供了有力的决策依据；对于企业和社会各界而言，本书能够帮助他们更好地把握广西未来产业发展的趋势与机遇，引导资源合理配置，促进产业协同创新发展。

本书得到了相关研究基金的资助，主要包括：国家自然科学基金面上项目（72074058）、广西自然科学基金面上项目（2024GXNSFAA010152）、国家自然科学基金地区科学基金项目（72464010）、广西科技发展战略研究专项课题（桂科ZL22064022）、广西哲学社会科学研究课题（23FGL041）、广西新文科研究与实践项目（XWK2022013）、广西教育科学"十四五"规划2023年度高校创新创业专项重点课题（2023ZJY1422）。本书是广西科技智库"广西资源环境科技创新与绿色低碳发展研究智库"、广西高校人文社会科学重点研究基地（培育）"广西碳管理与绿色发展研究院"、桂林市科技计划项目"广西资源环境大数据与智能决策技术重点实验室培育建设"，以及桂林理工大学校级科研机构"桂林理工大学低碳经济与管理创新研究所""桂林理工大学环境会计研究所""桂林理工大学现代企业管理研究所""桂林理工大学管理案例研究中心"的研究成果。

本书第1章由李雷负责，第2、3、4章由牛佳欣、李雷负责，第5章由李雷负责，

第 6 章由杨雪怡、邹宇昕、曹宇阳负责，第 7、8 章由牛佳欣、邹宇昕、李雷负责，第 9 章由牛佳欣、李雷负责。

本书借鉴了未来学理论、产业经济学理论、区域经济学理论、创新创业管理理论等领域的观点，整合了笔者团队近些年的相关研究成果，在此对于前辈学者的贡献表示敬意，对于团队成员的辛勤工作表示感谢。同时感谢王兴中、蒋海勇、李怀晖等老师对本书提出的建议和意见。

本书是笔者对于广西未来产业的一个探索性研究，不妥之处，恳请各位读者批评指正。

李雷

2025 年 3 月于桂林

目 录

第1章　未来产业创新发展：新时代广西面临的重要命题　|1

1.1　贯彻习近平总书记重要指示，谱写中国式现代化广西篇章的关键举措　|2

1.2　推动广西产业新旧动能转换，引导广西产业新旧赛道切换的历史选择　|3

1.3　用好国内国际双循环，将广西的区位优势转换为产业优势的重要抓手　|4

1.4　抢抓科技革命和产业革命重大机遇，推动广西高质量发展的应有之义　|5

第2章　对未来产业的基本认识　|7

2.1　未来产业的内涵与特征　|7

  2.1.1　未来产业的内涵　|7

  2.1.2　未来产业的特征　|8

2.2　未来产业创新发展的重点领域　|10

  2.2.1　未来数字经济　|10

  2.2.2　未来生命健康　|14

  2.2.3　未来材料　|16

  2.2.4　未来能源　|17

  2.2.5　未来装备　|19

  2.2.6　未来农业　|21

  2.2.7　未来文旅　|22

2.3 未来产业创新发展的行动主体 ｜23

2.3.1 政府 ｜23
2.3.2 企业 ｜24
2.3.3 高校 ｜25
2.3.4 研究机构 ｜26
2.3.5 金融机构 ｜28
2.3.6 服务机构 ｜29
2.3.7 知识权益运营机构 ｜30

2.4 未来产业创新发展的理论基础 ｜31

2.4.1 未来学理论 ｜32
2.4.2 产业经济学理论 ｜33
2.4.3 区域经济学理论 ｜36
2.4.4 创新创业管理理论 ｜43

第3章 广西未来产业创新发展基础与形势 ｜46

3.1 广西未来产业创新发展基本情况 ｜46

3.1.1 产业结构不断优化，壮大产业规模 ｜46
3.1.2 新兴企业数量增加，激发创新活力 ｜49
3.1.3 创新平台规模壮大，支撑创新能力 ｜50
3.1.4 开放合作力度加大，提升创新水平 ｜51

3.2 广西未来产业创新发展主要成就 ｜53

3.2.1 科技创新能力得到提升 ｜53
3.2.2 产业发展生态持续完善 ｜53
3.2.3 传统产业转型取得突破 ｜54
3.2.4 新兴产业规模不断壮大 ｜54

3.3 广西未来产业创新发展存在的问题 ｜56

3.3.1 新兴企业地位不突出 ｜56
3.3.2 龙头企业数量少 ｜57
3.3.3 创新资源集聚能力弱 ｜57

目录

    3.3.4 成果产业化效率较低 | 58

3.4 广西未来产业创新发展重要机遇 | 59

    3.4.1 创新趋势倒逼广西科学应变、主动求变、加快未来产业布局 | 59

    3.4.2 大变局时代及后发优势有助于广西借鉴经验实现弯道超车 | 60

    3.4.3 广西在人工智能、生命健康等领域有布局未来产业的资源禀赋 | 60

    3.4.4 广西"十四五"规划已经提出超前布局未来产业的目标任务 | 61

3.5 广西未来产业创新发展面临的挑战 | 62

    3.5.1 对广西创新能力提出新的挑战 | 62

    3.5.2 对广西创新模式提出新的挑战 | 62

    3.5.3 对广西创新体系提出新的挑战 | 63

    3.5.4 对广西创新人才提出新的挑战 | 64

第4章　国内外未来产业创新发展经验与启示 | 65

4.1 国外未来产业创新发展经验 | 65

    4.1.1 美国未来产业创新发展经验 | 65

    4.1.2 欧盟未来产业创新发展经验 | 66

    4.1.3 日本未来产业创新发展经验 | 67

    4.1.4 韩国未来产业创新发展经验 | 68

    4.1.5 小结 | 68

4.2 国内未来产业创新发展经验 | 70

    4.2.1 国家未来产业重要政策分析 | 70

    4.2.2 主要区域未来产业创新经验 | 73

    4.2.3 未来产业典型发展路径剖析 | 76

    4.2.4 卓越企业最佳实践归纳总结 | 77

4.3 对广西的启示 | 78

    4.3.1 加强创新基础设施建设 | 78

    4.3.2 减少非必要的监管 | 78

    4.3.3 加强未来产业人才引育 | 79

    4.3.4 建立灵活多元的投入资助机制 | 79

第 5 章　广西未来产业创新发展总体思路　|80

5.1　广西未来产业创新发展指导思想　|80
5.2　广西未来产业创新发展基本原则　|81
- 5.2.1　坚持创新引领，提升创新能力　|81
- 5.2.2　坚持系统设计，推进全面发展　|81
- 5.2.3　坚持目标导向，科学精准施策　|81
- 5.2.4　坚持开放合作，实现共生共赢　|81

5.3　广西未来产业创新发展主要目标　|82
5.4　广西未来产业创新发展空间布局　|84
- 5.4.1　双核　|84
- 5.4.2　三轴　|86

第 6 章　广西未来产业创新发展重点任务　|89

6.1　补短板，做强"优中培精"型未来产业　|89
6.2　重实效，推进"有中育新"型未来产业　|94
- 6.2.1　现代海洋产业　|94
- 6.2.2　生命健康产业　|97
- 6.2.3　通用航空产业　|99

6.3　创未来，探索"无中生有"型未来产业　|103
- 6.3.1　第三代半导体产业　|103
- 6.3.2　氢能产业　|105

第 7 章　广西未来产业创新发展八大工程　|109

7.1　加强规划引导，推动产业升级　|109
- 7.1.1　明确重点发展方向，强化产业政策引导　|109
- 7.1.2　借鉴国内外先进经验，统筹规划产业发展　|110

目 录

- 7.1.3 拓展新兴产业空间，加大产业发展力度 | 110
- 7.1.4 发挥场景创新作用，培育产业竞争优势 | 111

7.2 用好创新载体，提升创新能力 | 112
- 7.2.1 明确产业重点需求，攻克前沿关键技术 | 112
- 7.2.2 实施重大科技项目，提供发展支持保障 | 113
- 7.2.3 完善公共服务平台，提供技术研发支撑 | 113
- 7.2.4 紧扣内部发展需求，实施人才引进战略 | 114

7.3 壮大产业主体，提升产业效能 | 115
- 7.3.1 强化产业园区引领，发挥辐射带动作用 | 115
- 7.3.2 加大技术研发投入，培育重点优质企业 | 116
- 7.3.3 搭建数字智能平台，充分发挥产业效能 | 116
- 7.3.4 深化专业分工协作，壮大产业内生力量 | 117

7.4 推动应用示范，引领产业发展 | 118
- 7.4.1 推进行业试点示范，探索产业发展路径 | 118
- 7.4.2 发挥市场拉动作用，引导未来产业发展 | 118
- 7.4.3 搭建未来产业集群，促进产业协同发展 | 119
- 7.4.4 搭建产品展示平台，吸引优质项目投资 | 120

7.5 借鉴外部经验，打造创新平台 | 120
- 7.5.1 深圳龙华观澜高新园 | 121
- 7.5.2 杭州西溪谷区块链小镇 | 121
- 7.5.3 杭州萧山区智能制造孵化基地 | 122
- 7.5.4 世界主要经济体 | 122

7.6 促进空间协同，形成完整布局 | 125
- 7.6.1 发挥首府龙头作用，形成辐射带动作用 | 125
- 7.6.2 发挥平陆运河优势，促进产业融合发展 | 125
- 7.6.3 依托高新产业园区，促进区域协同发展 | 126
- 7.6.4 集聚优势产业资源，激发创新创造活力 | 127

7.7 整合优质资源，推进开放创新 | 127
- 7.7.1 依托信息港载体，吸引外部技术资源 | 127
- 7.7.2 充分利用地缘优势，共同推进区域发展 | 128

XIII

7.7.3　借鉴外部成功模式，推动产业深度合作　|129

7.7.4　加强专业人才培养，健全人才创新体系　|129

7.8　外引内培并举，强化人才支撑　|130

7.8.1　实施产业专项奖励，吸引外部高水平人才　|130

7.8.2　提高人才培养质量，完善人才服务保障　|131

7.8.3　优化人才培养策略，提供成长发展空间　|131

7.8.4　构建人才激励体系，持续深化人才改革　|132

第8章　广西未来产业创新发展四大保障　|134

8.1　优化营商环境，健全制度保障　|134

8.1.1　提升政府服务质量，实现流程透明标准化　|134

8.1.2　降低生产要素成本，助力未来产业减负　|135

8.1.3　优化民营经济环境，建立健全沟通机制　|135

8.1.4　加快构建治理体系，保障市场公平竞争　|136

8.2　改善要素配置，强化资源保障　|137

8.2.1　深化"放管服"，推进要素市场化配置　|137

8.2.2　健全资金投入机制，强化政府主导作用　|138

8.2.3　降低企业融资成本，构建贷款补偿制度　|138

8.2.4　优化能源材料供应，保障产业持续发展　|139

8.3　改进管理模式，提供效率保障　|140

8.3.1　深化科技创新体制改革，实现高效透明化管理　|140

8.3.2　推动体制机制创新，实施优先审查制度　|140

8.3.3　创新集聚区运营模式，提升集聚区赋能水平　|141

8.3.4　创新集聚区管理模式，完善创新链条构建　|141

8.4　开展监督评估，加强效果保障　|142

8.4.1　建立基本规则体系，确保考核公正科学　|142

8.4.2　健全实施评估机制，确保产业发展方向　|142

8.4.3　建立分析与工作调度机制，为决策提供依据　|143

第 9 章　广西未来产业创新发展典型案例：七大主体的视角　|144

　　9.1　政府　|144

　　9.2　企业　|146

　　9.3　高校　|149

　　9.4　研究机构　|152

　　9.5　金融机构　|154

　　9.6　服务机构　|156

　　9.7　科技成果转移转化机构　|159

参考文献　|162

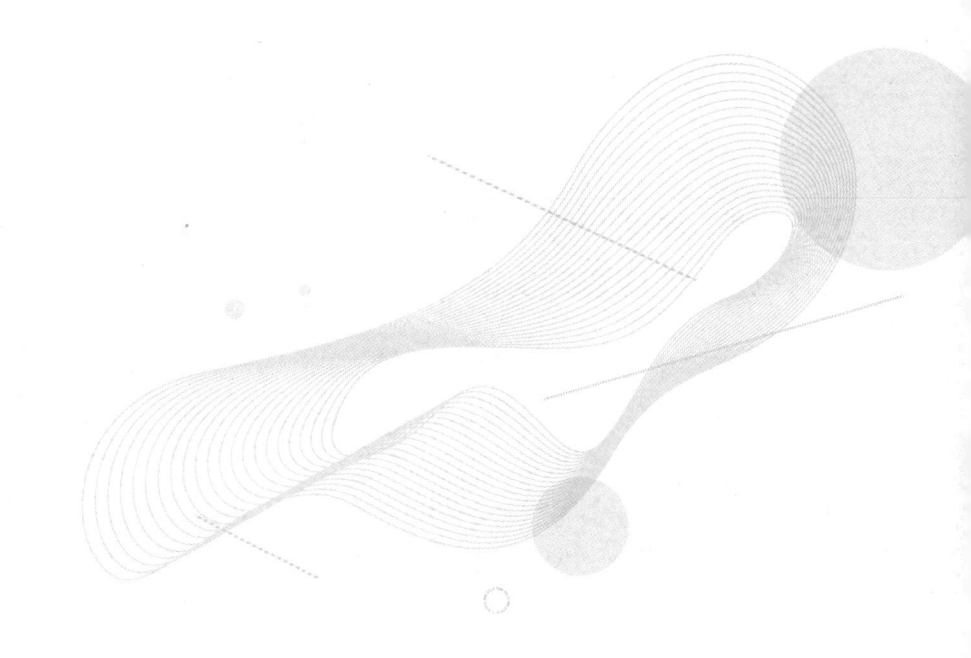

第 ❶ 章
未来产业创新发展：新时代广西面临的重要命题

放眼世界，我们面对的是百年未有之大变局。世界政治格局发生变化，原来欧美国家唱主角，现在中国崛起势不可挡；世界经济重心发生变化，原来在大西洋两岸，现在向太平洋两岸转移；世界外交关系发生变化，原来以全球化为主导，现在脱欧、逆全球化时有发生；世界气候环境发生变化，原来"绿地悲剧"频频上演，现在"双碳"目标成为世界共识。正如世界经济论坛创始人克劳斯·施瓦布在其著作《第四次

工业革命——行动路线图：打造创新型社会》中所言："没有任何一个时代像今天这样充满希望，也遍布风险。"在这个充满易变性、不确定性、复杂性和模糊性的时代，不惧过往、面向未来才是不二之选。

1.1 贯彻习近平总书记重要指示，谱写中国式现代化广西篇章的关键举措

产业是驱动经济社会发展的"马达"。未来已来，唯变不变，产业只有与未来同向同行，才能充满活力。2020年4月1日，习近平总书记在浙江考察时强调，要抓住产业数字化、数字产业化赋予的机遇，加快5G网络、数据中心等新型基础设施建设，抓紧布局数字经济、生命健康、新材料等战略性新兴产业、未来产业，大力推进科技创新，着力壮大新增长点、形成发展新动能。2023年9月6日至8日，习近平总书记前往黑龙江调研考察，指出整合科技创新资源，引领发展战略性新兴产业和未来产业，加快形成新质生产力。除此之外，在此期间召开的新时代推动东北全面振兴座谈会上，习近平总书记强调，积极培育新能源、新材料、先进制造、电子信息等战略性新兴产业，积极培育未来产业，加快形成新质生产力，增强发展新动能。习近平总书记系列重要讲话精神和中央有关重要文件精神，为我国全面谋划和推动未来产业发展、培育增长新动能、下好发展先手棋、获取竞争新优势、促进经济社会高质量转型发展提供了根本遵循。

党的十九大以来，习近平总书记高度重视广西发展，并分别于2017年、2021年两次赴广西考察。2021年4月25日至27日，习近平总书记在广西考察时指出，要推动传统产业高端化、智能化、绿色化，推动全产业链优化升级，积极培育新兴产业，加快数字产业化和产业数字化。当前，国际形势错综复杂，变化多端，若不紧跟创新趋势，加快未来产业布局，抢占未来发展新高地，势必影响区域经济发展。广西背靠大西南，毗邻粤港澳，面向东南亚，是21世纪海上丝绸之路的重要枢纽，是西部陆海新通道陆海交汇和"一带一路"有机衔接的重要门户，其独特的区位优势使其在西部大开发战略格局和国家对外开放大局中具有独特地位。由此可见，紧跟创新趋势，加快广西未来产业布局，既是贯彻落实习近平总书记相关重要指示精神的关键举措，也是顺应时代发展、推动广西经济高质量发展、谱写中国式现代化广西篇章的关键举措。

1.2 推动广西产业新旧动能转换，引导广西产业新旧赛道切换的历史选择

未来产业作为引领经济社会发展的变革性力量，其重要性不言而喻。在全球科技革命浪潮汹涌澎湃的当下，加快布局未来产业已然成为广西积极应对科技革命、抢占未来发展制高点、竞胜未来的关键举措。布局未来产业应遵循"广西有基础，发展有空间，市场有前景，提升有潜力"这一科学原则。广西拥有独特的资源优势与产业基础，在有色金属、特色农业、海洋资源开发等领域具备深厚底蕴，这为发展优势型未来产业筑牢根基。对于潜力型未来产业，如大数据、云计算、人工智能等新兴技术，广西也拥有广阔的挖掘空间。此外，广西还应聚焦前景广阔的颠覆性、前瞻性未来产业。为有效推进未来产业布局，广西需实施技术、平台、人才、合作、培育、资本、环境等协同行动。从历史维度审视，自改革开放以来，广西产业发展取得了重大进步。早期，广西通过积极引进外资、先进技术与管理经验，逐步建立起较为完善的工业体系，实现了从无到有的跨越，众多外资企业在广西落地生根，带来了先进的生产设备与管理模式，推动了广西制造业的初步发展。随后，广西企业开始"走出去"，参与国际市场竞争，在农产品、建材等领域，广西产品逐渐在国际市场崭露头角，拓展了海外市场份额。近年来，广西更是深度融入全球体系，积极参与全球产业链、供应链分工，在跨境电商、临港产业等新兴领域取得显著成效。

当前，广西已进入工业化后期或后工业化时期，传统发展模式面临诸多困境。一方面，传统产业面临资源短缺、环境污染等问题，以高能耗、高污染为特征的传统工业发展难以为继。另一方面，随着劳动力成本上升、市场竞争加剧，广西传统制造业的成本优势逐渐削弱。在此背景下，广西经济开始由高速增长阶段转向高质量发展阶段，亟须迈入新的起跑线，加强前瞻部署。因此，超前布局未来产业发展是推动广西产业新旧动能转换，引导广西产业新旧赛道切换的历史选择。通过发展未来产业，能够培育新的经济增长点，以新技术、新产业、新业态、新模式为引领，推动广西经济实现高质量、可持续发展。这不仅关乎广西在国内区域竞争中的地位，更关系到广西能否在全球经济格局中把握机遇，实现跨越式发展。

1.3 用好国内国际双循环，将广西的区位优势转换为产业优势的重要抓手

2020年5月14日，中央首次提出"构建国内国际双循环相互促进的新发展格局"。同年5月下旬两会期间，习近平总书记再次强调，要"逐步形成以国内大循环为主体、国内国际双循环相互促进的新发展格局"。党的十九届五中全会通过《中共中央关于制定国民经济和社会发展第十四个五年规划和2035年远景目标的建议》，将"加快构建以国内大循环为主体、国内国际双循环相互促进的新发展格局"纳入其中。构建基于"双循环"的新发展格局是党中央在国内外环境发生显著变化大背景下，推动我国开放型经济向更高层次发展的重大战略部署。

在审视长远趋势以洞悉当前局势的视角下，我们必须坚定不移地将扩大内需置于战略核心位置，加速构建一种新型发展模式，其核心特征是国内大循环占据主导地位，同时促进国内国际两个循环的深度融合与相互促进。自改革开放以来，我国充分发挥劳动力成本竞争力的优势，积极融入全球产业分工与合作体系，实现了市场与资源的国际化配置，即"两头在外"的策略，通过大规模的进出口活动，不仅促进了经济的高速增长，还通过持续不断的产业升级，逐步攀升至全球价值链的更高端位置，成功转型为"世界制造业中心"。这一历程不仅彰显了我国经济实力的飞跃，也为全球经济格局的演变贡献了重要力量。面对外部环境所经历的深刻且复杂的变迁，全球经济持续陷于低迷，全球市场规模缩减，加之保护主义势力的抬头，我国发展战略正从以往较为被动地参与国际经济大循环，转变为积极主动地构建并驱动国内国际双循环的新格局。这一转型旨在加速形成以国内大循环为坚实基石，同时促进国内与国际循环间相互依存、相互促进的新发展模式。此战略调整，不仅是在充满不确定性和不稳定性的全球环境中为我国发展寻求新路径的重大决策，更是针对国内外环境变迁所做出的具有深远意义的战略再定位与适应性调整。以国内大循环作为发展的基石，关键在于挖掘和释放我国巨大市场规模的潜能与活力，依托我们独一无二的优势——全球最全面、最庞大的工业体系，辅以强大的生产制造力和完善的供应链网络，以及巨大的市场容量作为战略纵深。我们需将发展战略的重心向内转移，深化实施扩大内需的长期策略，通过确保国内循环的顺畅无阻，进而推动构建国内国际两大循环体系的深度融合与相互促进。这一过程不仅增强了国内市场与国际市场的紧密联系，还使我们能够

更加灵活地调配国内与国际资源，充分发挥"两个市场、两种资源"的协同效应。长远来看，这一战略转型将在新时代背景下，为我国在国际合作与竞争领域培育出崭新且独特的优势，为经济的持续发展注入源源不断的强劲动力。

构建以国内大循环为主导，同时促进国内国际双循环相互强化的新发展范式，其核心在于将我国庞大的市场规模与完善的生产体系转化为国际合作与竞争中的新锐优势。为此，需充分释放超大规模市场的潜力，推进收入分配制度改革，深挖内需潜力，构建全面而坚实的内需体系；利用我国丰富的生产要素资源，深化市场化配置改革，确保生产、分配、流通、消费各环节的无缝衔接，提升国内循环的效率与活力；依托海量的创新资源，深化科技体制改革，聚焦关键核心技术突破，强化产业基础，推进产业链现代化，从而孕育出更多增长点与增长极，塑造未来发展的新引擎；同时，发挥我国作为对外贸易大国的优势，推动高水平开放型经济发展，促进国内外市场与规则的深度融合，构建共生共荣的供应链生态，实现国内循环与国际循环的良性互动。总之，这一新发展格局旨在促进我国需求结构的优化升级与供给能力的飞跃提升，推动供需双方在更高维度上达到动态平衡，为高质量发展注入强大的内生动力与持续活力。

广西科学技术协会智库专家、广西经济社会技术发展研究所产业研究室主任黄柳林认为，广西要立足资源禀赋和传统产业发展基础良好的优势，抓住打造国内国际双循环市场经营便利地的机遇，强化要素供给、培育重大场景和优化政策体系，发挥科技创新作为新质生产力"核心要素"的作用，整合区域创新资源，优化生产力布局，提升创新体系整体效能，以新技术的快速应用破解产业发展的痛点难点，加快释放数字赋能的"乘数效应"，通过数据链将创新链、产业链、资金链和人才链高效连接，推动全产业链向高端化、智能化、绿色化转型升级。因此，推动广西未来产业发展，是其用好国内国际双循环，将广西的区位优势转换为产业优势的重要抓手。

1.4 抢抓科技革命和产业革命重大机遇，推动广西高质量发展的应有之义

广西壮族自治区党委书记陈刚同志表示，人工智能时代，广西不能缺席、不能落后，要以"人工智能+"赋能千行百业，力争在新领域新赛道迎头赶上。他指出，杭州深度求索公司（DeepSeek）推出的一款人工智能模型火爆全球，这表明人工智能时

代一切皆有可能，广西不能妄自菲薄、行动迟缓，而是要站在时代前沿去捕捉机会，加快推进数字广西建设。

以人工智能为代表的未来产业是科技革命和产业革命交汇的产物，既具备前瞻性、引领性、突破性、颠覆性等特征，又拥有开放性、网络性、平台性、生态性等特色，是发展新质生产力的重要载体，对于打破欠发达地区产业发展路径依赖的魔咒，引导其通过科技创新与资源整合，打造新增长极，具有非常重要且特殊的意义。因此，布局发展未来产业是广西抢抓科技革命和产业革命重大机遇，推动广西高质量发展的应有之义。

就广西实际情况而言，《广西壮族自治区国民经济和社会发展第十四个五年规划和2035年远景目标纲要》（以下简称"十四五"规划）已经擘画了以人工智能为代表的未来产业的发展方向，并提出超前布局未来产业、打造未来产业应用场景等目标任务，这是从战略维度考虑广西经济社会发展状况的结果，也是广西经济高质量发展的必然选择和必由之路。当前我国处于第一个百年奋斗目标已经实现、正在向第二个百年奋斗目标迈进的关键时期。在这个大的背景下，广西必须主动做出着眼未来长远发展的战略产业选择和前瞻布局，获得产业发展主动权，抢占产业链、创新链、价值链的制高点。这不仅关乎广西在我国经济格局中的地位和作用，而且关乎我国西部振兴大局和中华民族伟大复兴历史进程。

第 2 章
对未来产业的基本认识

2.1 未来产业的内涵与特征

2.1.1 未来产业的内涵

未来产业的概念目前尚未形成统一的标准性的定义，但在学术界和实践界已经有了深入的探讨。实践界讨论未来产业的概念内涵大致可以归纳为两个维度：一是基于历史维度，未来产业是一个时间概念，是对未来 20 年发展起着关键作用的产业集合；二是基于战略维度，未来产业就是前沿产业，是优化完善产业体系、推动经济提质增

效、培育社会发展新动能、寻求国际竞争新优势的重要战略方向，在经济发展中承担着关键性、引领性和支撑性作用（李雷和牛佳欣，2023）。

一些学者也对未来产业的内涵进行了讨论，陈俊英（2005）从未来产业具有的特征视角出发，认为未来产业是基于知识运用，旨在提高和改善人们的生活质量，产业间关联性很强的产业。陈劲（2020）将未来产业界定为具有关键性、支撑性和引领性功能的前沿产业，经过重大科技创新产业化发展而成，代表未来科技和产业发展的新方向。李晓华和王怡帆（2021）认为，未来产业旨在满足经济社会不断出现的需求，通过前沿核心技术推动，目前尚处于培育、孵化阶段的新兴产业，代表新兴技术和产业长远发展的方向和趋势，支撑和推动国民经济的发展。

上述观点虽然表述各不相同，但有一些共识是明确的，即未来产业是以前沿颠覆性技术为驱动力，不断满足人类和社会未来发展中出现的新需求，更好地推动社会可持续发展的产业（沈华等，2021）。

2.1.2　未来产业的特征

以创新主体虚拟化、创新要素数字化、创新过程智能化、创新组织平台化为特征的创新趋势为未来产业的产生提供了肥沃的土壤，从总体上看，未来产业也呈现出"四新"的特征。

第一，依托新科技：未来产业的发展依赖新技术的突破与创新，不同新兴技术之间相互渗透、相互融合，并被运用到产业发展中，加速未来产业的形成。例如，生物技术、能源技术及人工智能技术，这三大技术的跨领域融合发展，便是一个典型的例证。生物技术的进步，为医学、农业等领域带来了革命性的变化，而能源技术的发展，尤其是新能源技术的突破，为解决能源危机、实现可持续发展提供了有力支撑。至于人工智能技术，则以其独特的智能特性，正在逐步渗透到各个领域，推动着产业的智能化转型。当三大技术跨领域融合时，就促进了新产业的衍生。

第二，扩展新空间：未来产业的发展为人类社会的进步扩展了新空间，无论是涉及深海、深空、深地开发的实体空间，还是涉及5G、大数据及人工智能技术的虚拟空间，两类空间的扩展和利用不仅是对我们认知极限的新挑战，也是未来我国抢占国际竞争制高点的重要战略领域。深海、深空和深地的开发将为人类提供更多的资源和生存空间，促进经济的可持续发展。同时，这些领域的探索也将激发人类的好奇心和创造力，推动科学技术的进步，而虚拟空间的发展则将进一步改变人们的生活方式和社会交往方式，促进全球化和信息化进程。

第三，满足新需求：未来产业不仅可以满足用户日益增长的消费需求，还可以创造新的消费需求。例如，在"双碳"目标的推动下，新能源汽车产业迅速崛起，成为推动可持续发展的关键力量。随着技术进步和成本下降，电动汽车的续航能力和性能得到了显著提升，使它们越来越能够满足消费者的日常出行需求。与此同时，智能化技术如自动驾驶、车联网等的融合，更是为用户带来了全新的驾驶体验，这些体验在很大程度上超出了传统燃油车所能提供的范围。

第四，创造新动力：一方面，科技创新为未来产业的发展提供了必要的技术基础和解决方案，使得原本概念化的未来产业得以具体化并落地实施。从智能制造、生物技术，到可持续能源和新材料领域，科技的每一次创新都为产业带来突破性的发展机遇。这些创新能够提升产业效率、优化生产流程，降低资源消耗，并为消费者带来全新的产品和服务体验。另一方面，随着未来产业在实践中的发展和成熟，它们对技术的需求也日益提高，从而促进了技术的进一步创新。例如，新能源汽车和可再生能源领域的快速发展，不仅推动了相关技术的进步，还带动了整个产业链技术水平的提升。同时，这一进程还能吸引资本投入，促进教育和培训，提高研发能力，形成更加健全的创新体系。科技创新与未来产业两者相辅相成，有力地推动经济高质量发展（李雷和何果，2022）。

然而，未来产业在培育和发展过程中也会面临许多困难。第一，未来产业的发展立足新兴技术，面临较高的技术门槛，攻破该门槛需要拥有较强的基础研究能力，这不仅包括对科学原理的深入探究，还包括对技术应用的持续创新。第二，新技术的应用需要在市场中反复地进行探索和试验，这个过程中充满了许多不确定性。由于新技术往往涉及未知的科学领域或复杂的工程问题，它们的商业化过程可能会遇到预料之外的技术难题、市场需求的变化、用户接受度及监管环境的变动等多重挑战。这些不确定性不仅增加了项目实施的难度，也使相关投资的风险随之增大。第三，推广新技术、新产品需要产业链上的所有主体进行配合，这一过程需要经历较长的时间周期和投入大量的资金。因此，我们要围绕未来产业在演化和发展过程中所呈现的特征和规律，加快前瞻布局未来产业，提出精准策略促进未来产业的发展（昌盛，2021）。

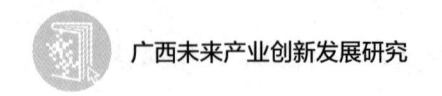

2.2 未来产业创新发展的重点领域

2.2.1 未来数字经济

建设数字中国是数字时代背景下推进中国式现代化的重要引擎，党的二十大报告指出，要加快发展数字经济，促进数字经济和实体经济深度融合，打造具有国际竞争力的数字产业集群。数字经济作为我国经济高质量发展的重要突破口，主要包括云计算、工业互联网、区块链、量子科技和人工智能等前沿技术。

1. 云计算

云计算作为一种平台基础设施或者应用程序，具有资源弹性伸缩、成本低、通用性强及高可靠性和虚拟化的优势，主要为大数据、人工智能及区块链等新兴技术提供了便捷的部署方式（陈劲和朱子钦，2022）。资源弹性伸缩是云计算的一个显著特点，用户可以根据实际需求，动态地增加或减少计算资源，这种灵活性使得企业能够更加高效地利用资源，避免资源的浪费。此外，云计算的通用性强，可以满足不同行业和领域的需求，无论是金融、医疗、教育还是制造业，云计算都能够提供定制化的解决方案，帮助企业实现数字化转型。在虚拟化方面，云计算通过虚拟化技术将物理资源转化为可动态分配的资源并放入资源池，实现了资源的最大化利用。这种虚拟化技术不仅提高了资源利用率，还简化了 IT 管理，降低了企业的运维成本。这些优势使云计算成为数字化转型的重要推动力量，为企业带来了更多的发展机遇和竞争优势。目前，我国云计算市场已经进入稳步发展期，随着数字化转型和边缘计算的不断发展，未来以"云计算"为基础的数字化转型已经成为必然趋势，"混合云"将成为该领域的主要发展方向和模式。"混合云"作为一种独特的云计算模式，将公有云和私有云的优势相结合，为用户提供了更加灵活、高效的解决方案。

2. 工业互联网

工业互联网这一新型的产业模式，是建立在传感网络、大数据分析技术和软件的基础之上，具备自我改善功能的智能工业网络。它不仅是物联网技术与制造业深度融合的产物，更是推动传统产业向数字化、智能化方向转型的重要力量（陈劲和朱子钦，2022）。工业互联网的运行框架可以分为设备层、软件层、平台网络层和应用层。设备层是基础，包括各种传感器、执行器等物理设备。软件层涉及各种工业软件，如数据采集与监视控制系统（SCADA）、可编程逻辑控制器（PLC）等。平台网络层是核心，包括云计算平台、网络通信设施等。应用层则是最终的价值体现，包括各种基于数据分析的应用服务，如预测性维护、优化生产等。

在这四层框架中，智能制造是工业互联网的核心。通过智能制造，可以实现生产过程的自动化、智能化，提高生产效率和质量，降低成本。同时，智能制造还可以根据实时数据进行自我学习和改进，不断提升自身的性能和能力。通过引入工业互联网，可以实现设备的远程监控和维护，提高设备的利用率和可靠性。同时，通过对大量数据的分析和挖掘，可以发现生产过程中的问题和瓶颈，为优化生产提供决策支持。国家陆续出台的相关政策为工业互联网的发展和布局指明了方向，《工业互联网创新发展行动计划（2021—2023年）》提出，在未来三年，要着力解决工业互联网在未来发展过程中遇到的痛点、难点问题，并确立建设新型基础设施，提高技术创新能力和安全保障能力等发展目标。与此同时，"十四五"规划明确要在重点行业和区域建设若干国际水准的工业互联网平台和数字化转型促进中心。要构建完善的产业数字化基础设施，推进企业级数字基础设施开放，促进产业数据中台应用，特别是向中小微企业分享中台业务资源，培育发展个性定制、柔性制造等新模式。同时，在产业数字化方面，要聚焦5G、人工智能、工业互联网、高端芯片、高端工业软件等关键领域，强化精准攻关，加快技术突破，增强自主可控能力。

3. 区块链

区块链技术作为新一代信息技术的重要组成部分，正在以其独特的特性改变着我们的世界。它通过将数据区块按照时间顺序以链条的方式组合成特定的数据结构，确保了数据的不可篡改性、去中心化及降低了信任成本。这些特点使区块链技术在各个领域都得到了广泛的应用和关注。目前，区块链技术已经在实体经济、民生服务等领域中展现出巨大的潜力。在金融领域，区块链技术可以用于建立分布式账本，实现资金的快速清算和结算，提高交易效率并降低交易成本。在物联网领域，区块链技术可以实现设备间的安全通信和数据共享，推动物联网应用的发展。在知识产权领域，区块链技术可以用于数字版权的保护和管理，确保创作者的权益得到保障。在游戏领域，区块链技术可以用于虚拟物品的交易和管理，提高游戏的公平性和透明度。随着区块链技术的不断发展和应用，传统行业也逐渐成为区块链技术应用的主角。无论是制造业、物流业还是医疗健康等行业，都在积极探索区块链技术的应用，以提高行业的效

率和安全性。例如，制造业可以利用区块链技术实现供应链的透明化管理，物流业可以利用区块链技术实现货物的全程追踪，医疗健康行业可以利用区块链技术实现病历的共享和隐私保护。为了进一步推动区块链技术的发展和应用，国内相继出台了一系列区块链发展政策和规划。这些政策和规划不仅明确了区块链技术的发展方向和目标，还为区块链技术提供了政策支持和指导。同时，顶层设计也基本形成，为区块链技术的发展提供了有力的保障。这些政策和规划的引导性作用进一步加强，将有助于推动区块链技术在更广泛的领域和行业中得到有效应用和发展。在未来几年中，区块链技术将进一步与金融、游戏、医疗、社交媒体等领域融合，聚焦攻破前沿核心技术和关键科学问题，健全区块链基础理论体系，加快推动区块链技术和产业创新的融合发展。

4. 量子科技

量子科技是由量子力学和信息技术交叉融合而产生的前沿技术，通过对量子状态的主动精确调控，能够突破半导体技术物理极限的限制，是一种颠覆性的未来产业技术（陈劲和朱子钦，2022）。当前，量子计算无疑是科技领域最受关注且充满挑战性的前沿阵地。它不仅吸引了全球一半以上的量子领域风险投资，其研究创新的活跃程度也表现在多个层面：论文发表数量节节攀升，专利申请数量屡创新高，研究机构如雨后春笋般涌现，展现出这一领域蓬勃发展的势头。量子计算的研究正在经历从基础理论向应用研究转化的关键时期。尽管理论研究已经取得了显著的进步，但应用技术的落地和产业化之路仍然任重道远。目前，量子计算技术尚未完全成熟，仍处于探索和发展的初期阶段。量子计算的产业化需要突破一系列共性关键技术。这些关键技术包括量子比特的稳定控制、量子逻辑门的高效实现、量子纠错的有效方法及量子系统与经典系统的接口等。这些技术的突破将有助于推动量子计算机从实验室走向实际应用，进而实现量子计算的产业化。为了加快量子计算技术的发展，各国政府和企业应加大对量子计算技术研究的投入，培养更多的量子科技人才，推动量子计算技术与不同行业的深度融合。同时，国际合作与交流也是推动量子计算技术发展的重要途径，通过共享研究成果、开展联合实验等方式，可以加速量子计算技术的突破和应用。我国量子科技主要呈现以下三大发展特点。

一是我国量子科技政策密集发布，地方政府加快布局。自我国将量子信息科技确立为重大科技发展方向以来，政府对这一前沿领域的关注与支持显著增加。一系列量子科技政策的密集发布，彰显了国家对未来科技竞争高地的高度重视。这些政策不仅为量子科技的短期发展指明了方向，更为长远规划提供了坚实的框架。北京、上海、广东及浙江等超过二十个省市，都将量子科技产业的发展纳入地方"十四五"发展规划之中。这些地方政府的布局不仅体现在政策支持上，更通过资金投入、项目建设、人才培养等多方面的具体措施，加速量子科技产业生态的构建。国家层面的政策导向明确提出了要加速孵化和布局量子信息领域的未来产业发展。这意味着，除了在基础研究中寻求突破，还将在应用技术的研发、产业链的完善、市场的培育等方面进行全面部署，目标是打造一个具有国际竞争力的量子科技产业体系。国家政策的陆续出台与实施，为量子科技的进一步发展提供了清晰的路径和目标。这将有助于集中资源，优化配置，推动量子科技创新成果的转化和应用。同时，这也预示着量子科技将在国家科技创新体系中扮演越来越重要的角色，成为推动科技进步、经济发展和社会变革的关键力量。

二是在量子科技的三大技术方向——量子计算、通信和测量，我国已经实现了全面布局，并且在这些领域取得了显著的成就。总体来看，我国在量子科技领域的研究和发展中处于全球领先地位，已成功跻身全球第一方阵。在量子计算方面，我国科研团队成功研制出世界首台光量子计算原型机。这一重大突破不仅展示了我国在量子计算领域的研发能力，也为未来更高性能的量子计算机研发奠定了基础。在量子通信方面，我国率先发射了首颗量子科学实验卫星"墨子号"。这一标志性事件开启了全球量子通信的新篇章，实现了远距离的量子密钥分发和量子纠缠分发，这不仅为我国的信息安全提供了强有力的技术支持，也推动了全球量子通信网络的建设。在量子测量方面，我国科研人员在国际上首次实现了亚纳米级分辨的单分子光学拉曼成像（魏晓文，2022）。这一成就标志着我国在精密测量和分子光谱学领域的领先地位。亚纳米级的分辨率将极大地推动材料科学、生物科学和纳米技术的发展（《2021—2022年中国未来产业发展蓝皮书》，2022）。

三是国内科技企业巨头争相进入，初创企业蓬勃发展。量子信息产业的发展仍然以企业为主力军，科技巨头和初创公司共同推动着产业的发展。它们通过产学研合作的形式，加强与高校和研究机构的合作，共同推进量子技术的研究和应用。这种合作模式不仅促进了科研成果的转化，也为产业培养了大量的人才。阿里巴巴、腾讯、华为、百度等科技巨头企业不仅对量子技术表现出了浓厚的兴趣，而且纷纷采取行动，设立研究中心或独立部门，专门负责量子技术的研究和开发。在初创公司中，主要包括由专业研究人员组成的本源量子、启科量子、问天量子等一批知名初创企

业，这些初创企业充满活力，专注于量子技术的研发和应用，为产业的发展注入了新鲜血液。

5. 人工智能

人工智能是数字经济时代的重要基础设施，因其具有提高生产效率、降低成本等特点，已经被应用于多个领域并且发挥着重要作用，特别是在制造业领域，人工智能推动制造业实现高效、绿色、智能的转型升级，并且目前已经广泛应用于智慧教育、智慧金融、智能家居、智能交通等不同领域（陈劲和朱子钦，2022）。我国在人工智能领域呈现出蓬勃发展的势头，但也存在一些不容忽视的挑战，特别是在基础理论、基础科学及其他共性关键技术方面，我国的研究和开发能力还相对薄弱。在产业链中，我国上游的理论层和基础层支撑能力明显不足，这导致我国在核心软件、核心硬件方面对外部产品依旧存在依赖，增加了受制于人的风险；在产业链的中游技术层，我国已经取得了一定的优势。新形势下，高校、科研院所等创新主体对人工智能的认可度不断提高，同时，广阔的市场需求也激发了企业投入的积极性。这促使投融资市场整体热度持续上升，为人工智能的发展提供了良好的资金支持。而在下游的应用场景方面，我国拥有丰富的产品类别和应用场景。这些应用场景不仅为人工智能技术提供了广阔的应用空间，也为理论层和基础层提供了大量的数据源。这些数据源对于人工智能算法的训练和优化至关重要，有助于提升人工智能技术的性能和准确性。未来，我国应加快推动人工智能的产业化，通过以技术创新和经济社会融合为主线，注重人工智能的应用与示范，加速人工智能技术的实际应用和产业化进程。同时，还需要加强人工智能的基础理论研究，提升我国在核心软硬件方面的自主创新能力，降低受制于人的风险。

2.2.2　未来生命健康

生命健康产业是关于诊断、治疗、预防、康复等医疗商品和服务行业的总称，主要包括生物与基因、医疗与大健康两方面（陈劲和朱子钦，2022）。如今，生命科学和生物技术正经历着前所未有的飞速发展。这些领域的重大突破不仅拓展了科学研究的边界，如细胞研究、合成生物学、脑科学等领域的突破性进展让我们对生命的复杂性有了更加深入的认识，而且在实际应用中也展现出了巨大的潜力，如在农业领域，转基因技术、生物育种技术等的应用，提高了农作物的产量和抗逆性。特别是在健康产业方面，生命科学与生物技术的深度融合正在不断加速，为人类的健康福祉带来了新的希望和机遇，成为一些城市创新建设和经济高质量发展的"引爆点"（李斌等，2021）。

生物产业是以生命科学理论、生物技术为基础，与材料、化学、信息等多学科领域交叉的产业，主要包括生物医药、生物基因、生物能源等领域。从全球来看，美国因在该领域具有强大的研发与创新能力，在生物医药和生物材料等领域确立了明显优势。借助其自然资源、人才资源、科技水平、集群式发展等方面的优势，形成了华盛顿、波士顿、旧金山等地的生物科技和产业集群，共同主导着全美甚至全球的生物科技与产业发展方向。在论文数量、专利数量、在研药品数量、科技型企业数量等方面，美国均长时间保持全球第一。自"十二五"规划实施以来，我国也非常重视生物产业的战略意义。《中华人民共和国国民经济和社会发展第十四个五年规划和2035年远景目标纲要》进一步强调加速生物技术与信息技术的融合和创新，不断提升和加强生物经济。目前，我国已经形成长江流域、环渤海、珠三角等多个区域性生物产业集群，比如以北京为中心的环渤海集群包括中关村生命科学园等，以上海、武汉等城市为中心的长江流域集群主要包括武汉光谷生物城和苏州生物医药产业园等（《2021—2022年中国未来产业发展蓝皮书》，2022）。

医疗与大健康产业是对健康检查、维护、恢复、促进的生产经营和服务活动，具有全面性和交叉关联性特点，主要包括医疗服务机构、医疗用品、保健用品、健康管理服务和养老等五个领域（张三保和陈堰轩，2021）。纵观国外相关产业的发展现状，美国拥有数量稳居前列、水平领先的医疗研究机构和科学家，在医疗领域的基础研究具有领先优势，为其医疗与大健康产业提供了强大的科技支撑和驱动力；欧洲主要在数字医疗、医疗器械和养老设施领域有较好的积累；日本立足其国情，致力于发展养老科技。目前，我国医疗健康产业以数字化、网络化和智能化为主进行科技创新，规划形成了一个国家级数据中心、七个区域级中心、各地若干个应用和发展中心的总体格局，在各省市相继构建医疗大数据应用技术国家工程实验室和新兴产业平台，共同驱动未来产业实现高质量发展。但是，医疗健康产业在顶层设计和统筹规划、产业供给匹配人民健康需求、产业融合程度、产业发展要素及产业集群集聚效应等方面还存在不足和一定的差距（杨慧，2023）。

为进一步瞄准世界科技前沿，做好未来生命健康基础研究，需要加大基础研究产业化力度。首先，全面推进中医药现代化进程，加大中医药临床救治装备研发力度，支持合成生物学、干细胞技术等生物制药领域和生物基纺织材料、可反复化学循环生物降解高分子材料等生物材料领域研究。其次，在药物临床、疫苗研究和健康医疗等方面加强人工智能、大数据等数字技术的应用，更好地解决药物、疫苗研发效率低、周期长、成本高等问题，加快推动精准医药和精准治疗的普惠化。再次，促进生命健康产业的多元化与融合性发展，策略性地投资于医疗器械与生物医药等高速增长、市场潜力巨大且展现强劲发展动力的行业。同时，也加强对康养旅游等周期虽较长但健康效益显著的产业的支持力度。我们聚焦于生物医用新材料的前沿探索、脑健康科学的深入研究，以及医疗器械与健康装备等核心领域的创新发展，旨在精心打造一系列独具特色、优势显著的生命健康产业集群，为产业的长远发展奠定坚实基础。最后，要高度重视培养前沿技术攻关和尖端人才，持续大力发展公共安全领域的科学技术，鼓励大中专院校增设相关专业和课程，改革培养模式，培育一批专业化高素质人才，充分满足生命健康产业发展的需求，牢牢掌握科技创新与发展的主动权，推动我国向世界公共卫生科技强国迈进（李斌等，2021；张三保和陈堰轩，2021；杨慧，2023）。

2.2.3 未来材料

材料是制造业的物质基础和保障，当前未来材料主要包括先进半导体材料和特种金属材料等类型（陈劲和朱子钦，2022）。半导体材料产业大体可分为上、中、下游三个环节：在产业链的上游，主要以基底材料为主。这些材料是整个半导体材料的支撑，对材料产业的发展起着至关重要的作用。例如，碳化硅单晶材料因其优异的热性能和电性能而被广泛应用于高性能电子设备中，氯化钾材料则在光电转换和信息存储领域有着重要的应用，金刚石则以其超高的硬度和优异的导热性能在高端制造领域中占据一席之地。中游的半导体材料产业主要以制造材料为主。这个环节属于材料制造产业，涉及的材料包括湿电子化学品和电子特气等。下游则是封装材料，属于材料应用产业。封装测试环节主要包含封装基板、芯片粘结材料等。封装基板作为半导体芯片的载体，不仅提供了物理支撑，还负责散热和信号传输；芯片粘结材料则用于将半导体芯片与封装基板或者其他界面牢固地连接在一起。这些封装材料的创新和优化，对提高半导体器件的性能和可靠性至关重要。目前，未来材料已经应用在新型电力系统、新能源汽车、高速轨道交通、消费类电子等领域，这些领域也是全球产业竞争的必争之地（白宇轩和张雅俊，2023）。

实践证明，属于制造业强国的国家也一定是材料强国。目前，我国已成为全球材料生产和消费大国，特种金属材料产业规模已经初步形成。但是在未来材料产业方面，

"大而不强"的问题依然存在，主要集中在自主研发投入不足、关键核心技术还难以满足需要、高端加工装备仍部分依赖进口、产业创新生态构建不完善等方面。在未来产业的布局中，我国要以创新驱动材料工业发展为目标，加快制定与未来材料相关的战略，前瞻性布局新材料领域未来产业，实施提升材料效率等重大工程，注重人才培养的政策保障力度（肖劲松，2023）。

2.2.4 未来能源

能源作为现代社会运转的根基，其重要性不言而喻。在全球化的今天，新能源的地位日益凸显，新能源领域已成为各国竞相发展的关键领域。新能源，即太阳能、风能、生物质能等可再生能源，以及核能、氢能等清洁能源，这些能源类型与传统的煤炭、石油能源相比，具有低污染、可持续利用的显著特点。面对全球气候变化日益加剧的挑战，"双碳"目标应运而生，碳中和和能源转型已在全球范围内达成共识。在新的发展格局和碳排放目标的约束下，未来能源发展的重点已转向节能降碳和低碳转型。在未来的能源转型与高质量发展时期，我们将摒弃对单一能源体系的过度依赖，转而迈向一个包容并蓄、多元化的能源格局。这一体系将广泛涵盖诸如核能、氢能等多种能源形式，确保能源供应的多样性与稳定性，为可持续发展提供坚实的能源基础（李德尚玉等，2021）。

1. 核能

核能作为具有清洁低碳、安全高效等特点的能源形式，在全球清洁能源转型、保障能源安全、碳中和目标实现、解决气候变化问题中发挥着不可或缺的作用（《2021—2022年中国未来产业发展蓝皮书》，2022）。自20世纪中期以来，人类和平利用核能的步伐从未停止。核能作为一种高效、稳定的能源形式，在推动全球经济社会发展方面扮演着不可或缺的角色。随着科技的进步和社会的发展，核电技术也在不断演进，其中，第三代核电技术以其更高的安全标准和更优的性能成为世界核电发展的主流。核能源主要包括核裂变和核聚变两种形式，主要常见的应用领域包括电力生产、医学、科学研究、工业等领域（陈劲和朱子钦，2022）。

目前，美国拥有庞大的核反应堆基数，但先进压水反应堆因为成本较高出现进度缓慢的现象；法国也因第三代核电技术成本较高、国内环保及安全等原因，提出逐步降低核电占比的计划。截至2024年年底，全球在运行的核电机组共417台，总装机容量 3.77 亿千瓦。短期来看，中国作为目前全球积极推动核能发展的主要国家之一，已经实现了第三代核电技术自主可控，并在此基础上形成了完整的核工业技术体系，当前的时期是我国第三代核电和第四代核电从局部超越走向全面引领的重要战略机遇期。

在未来的能源发展宏伟蓝图中，我国正以前瞻性的视野和坚定的决心，积极构建以国内大循环为主体、国内国际双循环相互促进的新发展格局。这一战略部署，不仅是对全球经济一体化趋势的深刻洞察，更是基于我国自身能源安全、环境保护与经济可持续发展的内在需求。在这一框架下，能源产业作为国民经济的命脉，其高质量发展成为推动双循环新格局的重要引擎。在这一战略指导下，核电技术作为清洁能源的重要组成部分，被赋予了重要的使命，其发展方向和目标已经清晰明确。

2. 氢能

在当前全球致力于实现"双碳"目标的背景下，氢能作为一种清洁、高效的能源，已经成为推动新一轮能源技术革命和产业发展的重要力量。氢能产业的发展可以大致分为上游、中游和下游三个主要环节，每个环节都是氢能产业链中不可或缺的一部分。在产业链的上游环节，主要包括氢能的制取和纯化过程。目前，已经有多条成熟的制氢路线，如天然气重整制氢、煤气化制氢、水电解制氢等；中游环节涉及氢能的储存、运输、加注及燃料电池的制造等。氢能的储存和运输是确保氢能安全、高效利用的关键（姚若军和高啸天，2021）。目前，常用的储存方式包括高压气态储氢、液态储氢、固态储氢等，不同的储存方式有着不同的优缺点，适用于不同的应用场景；下游环节主要关注氢能的应用，如在交通领域，氢燃料电池汽车因其高能量密度、快速加注和零排放等优点，被视为未来交通工具的重要发展方向之一。随着技术的不断进步和成本的降低，氢燃料电池汽车的市场接受度逐渐提高，成为推动氢能产业发展的重要力量（李斌等，2021；陈劲和朱子钦，2022）。

发达国家通过依托不同方法建立了氢能产业发展的领先优势，如美国主要通过研发前瞻技术建立氢能产业的技术优势，日本和韩国通过推动氢能产业的应用构建氢社会，欧洲直接以氢能作为实现能源转型和推动低碳发展的重要产业。目前，我国氢能产业整体上还处于初级发展阶段，关键核心技术总体处于跟跑阶段，尚未完全实现自主可控。未来，我国应在保障氢安全的前提下打造和健全关键技术体系，实现产业链完善和产业闭环的战略目标，在氢能产业具备市场竞争力，同时积极利用产业示范基地，探索和推进上、中、下游三个环节相互衔接的产业发展路径（李斌等，2021；李德尚玉等，2021；陈劲和朱子钦，2022）。

2.2.5 未来装备

未来装备作为驱动我国传统工业深刻转型与战略性新兴产业蓬勃发展的核心引擎，正以前所未有的速度重塑国家经济的版图与战略格局。未来装备是智慧与创新的结晶，承载着提升国家综合国力、促进经济高质量发展的重大使命。这些装备，广泛涵盖智能制造、航空航天、新能源、信息技术、海洋工程、生物医疗等多个前沿领域，每一类都蕴含着极高的技术含量与附加值，不仅体现了国家的科技实力和制造水平，也是推动经济发展、提升国防安全的重要力量。按照国民经济的行业划分，未来装备的范畴可以概括为空、海、陆三个维度，涵盖金属制品业、通用装备、交通运输设备及其他电子设备等制造业（陈劲和朱子钦，2022）。

1. 航空航天产业

航空航天产业作为先进制造业和国防工业的重要组成部分，是国家科技进步的关键体现，集中展现了国家综合国力。这一领域以其高技术水平、资金密集特性、长价值链及对经济的强劲拉动能力而著称，跨越了材料科学、动力工程、电子信息、自动控制、空气动力学等多个学科的前沿，是技术创新与工程实践的完美融合。在全球化的时代背景下，航空航天技术的发展已经远远超出了单纯的技术范畴，它关乎国家的安全利益、战略地位乃至国际话语权。先进的航空航天技术不仅能够提升国家的军事防御能力，保障国家安全不受侵犯，还能在民用领域发挥巨大作用，如促进国际贸易、改善人民生活、推动科学研究等。

当前，全球航空航天工业布局呈现明显的集群化特征和寡头垄断格局，主要的产业集群都集中在美国、俄罗斯、法国、英国、德国、加拿大、日本、巴西等国家的大城市区域。据统计，美国不仅拥有超过 8800 家航空航天相关企业（占全球该领域企业总数的近 40%），而且其总产值也接近全球航空航天市场的半壁江山，充分展示了美国在航空航天领域的绝对领先地位。在航空领域，波音公司是全球最大的飞机制造商之一，波音公司不仅历史悠久、技术雄厚，其产品更是遍布全球各大航空公司的机队之中。据统计，全球约 75% 的喷气客机机队都采用了波音公司的产品。而在航天领域，美国的技术发展同样走在全球前列，从早期的阿波罗登月计划开启人类踏足月球

的新纪元,到如今国际空间站运营稳定,并作为人类在太空的前沿据点源源不断地为科研提供支撑,再到近期"星际客机"飞船执行首次载人试飞任务、月球着陆器"雅典娜"开启落月探测任务,美国航天局(NASA)及其合作伙伴不断努力,引领着人类探索宇宙的进程。

我国的航空航天工业,历经 60 多年的砥砺奋进与不懈探索,已经成长为能够与国际顶尖水平同台竞技的强大力量。在这一辉煌的历程中,中国航天科技集团、中国航空工业集团、中国航空发动机集团等中央直属的国有特大型企业如雨后春笋般涌现,它们不仅是我国航空航天事业的中流砥柱,更是推动国家科技进步、提升综合国力的重要引擎。随着产业的不断壮大,我国航空航天工业的布局也日益完善,形成了以北京航空产业园、沈阳航空产业园、南昌航空工业城等为代表的十余个核心产业基地,这些基地不仅集聚了行业内最顶尖的科研力量和生产能力,还通过产业链上下游的紧密协作,构建了高效协同的产业集群。这种集群化的发展模式,不仅提高了资源利用效率,加速了技术创新与成果转化,还为我国航空航天工业的可持续发展奠定了坚实基础。展望未来,航空航天领域无疑将成为各国竞争的重要战略高地。在全球科技革命和产业变革的浪潮中,数字化转型和人工智能技术的飞速发展,为"智慧航空"的实现提供了前所未有的机遇。我国航空航天工业将紧抓这一历史机遇,深入探索航空领域发展的新方向,重点攻克航空推进系统、航空新材料等关键技术难题,推动航空装备向更高速、更远程、更智能、更环保的方向发展。

2. 海洋产业

海洋产业作为人类文明发展的重要领域,旨在通过开发、利用与保护海洋资源和海洋空间,实现对海洋资源的可持续利用。这一产业不仅包括传统的渔业、海洋交通运输、海洋旅游等,还涉及海洋能源开发、海洋生物技术、海洋环境监测等多个新兴领域。随着科技的不断进步和装备水平的提升,全球远洋深海探索与开发已经迈入了一个前所未有的战略机遇期,为人类探索蓝色宝库提供了新的可能。近年来,我国持续推进海洋产业发展,在多个关键领域取得显著成就:在海洋技术装备研发方面,不断攻克技术难题;在海洋空间拓展方面,积极探索创新路径;在战略资源开发领域,合理规划、高效推进;在海洋环境保护方面,严格落实各项举措。我国海洋产业已经形成了以环渤海、长三角和珠三角地区为中心的多个海洋工程产业集群,构建了较为完整的产业链。在船舶工业方面,我国已经进入世界第一梯队,拥有 20 余家能够建造全套、复杂、高端产品的大型船厂和 100 余家具备互补优势的特色船厂。在海洋工程装备产业链的上、下游各主要环节也已成长起了一批优秀企业，但是在高性能的关键材料、零部件及配套设备等方面还部分依赖进口，需要尽快把握住全球价值链高端环节，以高质量发展理念为宗旨，重点围绕提升海洋环境安全保障能力，重点发展海洋自主传感器研制能力，加快从海洋大国向海洋强国迈进。

3. 先进轨道交通

先进轨道交通包括高速铁路和城市轨道交通等交通运输形式，具有可持续性的特征（陈劲和朱子钦，2022）。当前，我国轨道交通领域的发展已步入了一个崭新的阶段，不仅构建了以自主研发为核心、配套体系完整、设备高度现代化、整机技术国际领先的轨道交通装备制造体系，还成功打造了一条覆盖设计、研发、制造、运维等全环节的完整产业链，为全球轨道交通行业的进步贡献了"中国方案"与"中国智慧"。在此过程中，中国中车、中国中铁、中国铁建、中铁工业、鼎汉技术等一批行业领军企业脱颖而出，它们凭借卓越的技术实力、丰富的项目经验及持续的创新精神，成为推动我国轨道交通事业快速发展的中坚力量。这些企业不仅在国内市场占据主导地位，还积极"走出去"，参与国际竞争与合作，将中国轨道交通的先进技术和产品带向世界各地。高速铁路作为我国轨道交通领域的璀璨明珠，其发展成就尤为显著。从"四纵四横"到"八纵八横"的高速铁路网规划与落地，我国不仅实现了高速铁路技术的自主创新与突破，还建成了世界上规模最大、运营速度最快、网络最发达的高速铁路系统。然而，高端轴承和车轮是我国目前仍受制于人的技术和产品领域，全球高端轴承市场主要由德国、美国、日本等国家垄断，车轮主要由德国、法国、日本、意大利等国家控制。未来我国可重点推动先进轨道交通装备制造业的创新性发展，以成为制造强国的战略目标为导向，构建和完善现代轨道交通装备产业体系，加强数字技术与制造产业的深度融合，体现以创新驱动为内核、具有质量效益竞争优势、全力向智能制造领域迈进的未来装备发展模式。

2.2.6 未来农业

作为我国对"三农"工作做出的重大决策部署，乡村振兴战略明确提出，我国要向数字农业和智慧农业方向发展，通过将云计算、大数据及人工智能等多种新一代新兴信息技术应用于农业发展，推动我国迈向农业强国。目前，相较于英国、德国、美国及韩国等国家，我国高质量农业占比及农业科技水平还存在一定的差距。尤其在农

业科技方面，一些技术领先的国家均重视因地制宜地选择发展路径，如美国、加拿大和澳大利亚侧重提高劳动生产率的农业机械化路径，日本、荷兰和以色列注重土地产出率的路径，德国和法国则选择兼顾农业机械化和生物技术产业化的路径。立足于我国发展现状，当前我国在生物合成、基因改良、干细胞育种及畜禽品种等领域面临关键核心技术难以攻克的问题，不能很好地为未来农业前瞻性布局和高质量发展提供支撑。未来我国可强化顶层设计和战略规划，在为未来农业发展的关键核心技术攻关方面提供组织保障和精准指引的基础上，加快推进农业领域的国家实验室建设，建立人才特区，吸引致力于攻克农业科技难题的专业人才，培养科学技术厚实、技术能力强硬、综合素质高的复合型农业科技人才队伍（陈劲和朱子钦，2022）。

绿色作为农业的底色，象征着生命的延续与和谐共生。生态则是农业的底盘，支撑着整个农业系统的稳定与健康发展。在未来，农业将朝着绿色发展模式的方向努力，这不仅是一种必然的选择，也是对地球生态环境负责的体现。绿色发展模式的核心在于充分利用前沿的核心技术、装备及管理理念，确保农产品的质量安全、生态系统的平衡及资源的合理利用。可以通过降低化肥农药使用量、回收农药包装废弃物及秸秆等措施，减少农业污染，推动农业绿色发展，使人民从"能吃饱"向"吃得更好、更健康"转变，加快构建农业现代化体系。

2.2.7 未来文旅

文旅产业是与人类休闲生活紧密相连的领域，正以其独特的魅力和无限的发展潜力吸引着世界各地的关注。作为一个全新的经济增长点，文旅产业涵盖旅游、娱乐、文化及服务等多个方面，形成了一个多元化、综合性的产业集群。随着数字技术的飞速发展和广泛应用，文旅产业正经历前所未有的变革，其发展速度之快、规模之大令人瞩目。数字技术的融入，使文旅产业的边界逐渐变得模糊。传统的旅游、娱乐、文化和服务产业在数字化浪潮中相互交融，形成了新的业态和商业模式。以文化创意为核心的文化产业正在成为文旅产业的重要组成部分，同时，商业和管理方面的创新也为文旅产业的发展注入了新的活力。目前，我国的文旅产业已经迈入了快速发展期。与新媒体、新技术的深度融合，为文旅产业带来了更多的发展机遇和挑战。未来，随着数字化、网络化、智能化技术的进一步发展和应用，文旅产业将朝着更加智能、便捷、个性化的方向发展。在数字技术的推动下，文旅产业将为人们带来更加丰富多彩的休闲生活体验。

数字文旅作为未来文旅的基础工程，是一种以网络为载体，以大数据、人工智能等数字技术与文旅产业进行深度融合而形成的新型产业形态，具有技术驱动、资源丰富、身份多元及边界模糊等特征（张玥等，2020）。具体地讲，数字文旅通过数字技术连接供给和需求，进而为文旅业态赋能，培育和壮大新消费市场，驱动产品和业态的创新，重构文旅产业格局。从数字文旅新业态来看，目前已形成线上文博、智慧旅游产品和服务、沉浸式服务等。这意味着我国文旅产业正在逐步转型升级。文旅产业的未来发展将聚焦于数字文旅领域的新业态、新体验与新消费趋势，这些趋势将深度利用科技与产业的融合力量，持续驱动文旅供应链的革新与重塑。它们不仅将开辟出更加多元化的文旅消费空间，还将成为引领体验型消费与智能化消费等前沿消费模式的重要推手，为文旅产业注入新的活力与增长点。

2.3 未来产业创新发展的行动主体

2.3.1 政府

政府作为把握未来产业正确发展方向、协调未来产业机构和推动产业结构升级的创新主体，可以通过创新平台建设、制定人才培育机制和金融扶持政策及提升政府服务等策略实现未来产业创新发展生态。在未来产业的发展过程中，政府引领作用主要体现在以下四方面。

首先，加快建设和创新重大平台布局，明确其战略定位和发展方向，建设国家级实验室，注重其在科学研究和技术创新中的引领作用，加快大科学装置的研发和建设，通过跨学科、跨领域的协同创新，整合各方面的资源和力量，形成合力，共同推进关键核心技术的研究，建立健全的技术转移和产业化机制，实现成果的转化与应用。

其次，强化未来产业顶层设计，确保未来产业健康发展。通过制定优惠政策和提供良好的科研环境，吸引国内外高层次的科技人才加入创新团队；依托各类创新平台，培养和集聚高素质人才，健全人才培养体系；推动共性关键基础技术攻关和基础理论研究，培养具有前瞻性和创新性的科研项目，抢占科技制高点。

再次，深化国内外合作，促进资源的优化配置，加强科技创新和文化交流。通过建设世界创新高地和科学中心，吸引世界级的科研机构、高等院校和企业入驻，形成创新资源集聚效应，加快推动诸如科技园区和联合实验室等平台建设，确保科技创新

和成果转化，开展"项目、人才、基地"一体化推进的科技项目，以项目为纽带，推动人才、资本、信息等创新要素向基地集聚，形成创新驱动发展的新格局，完善政府引导、产学研结合的合作架构，保障科技合作健康发展。

最后，打造未来产业发展生态，提升政府服务水平，通过简化行政审批流程、提供高效便捷的政务服务等方式，为未来产业的发展创造便利条件。聚焦未来产业重点领域，围绕以"产业、创新、资金、人才、政策"五方面为主的链条，以重大创新项目集聚创新要素，构建"龙头企业+产业链上下游企业+科研院所+基地园区承载+金融支持+市场推广+政策扶持"的"五链"融合共生的数字化创新生态，实现精准培育、攻关，提升推动未来产业健康可持续发展的战略咨询服务能力。

2.3.2 企业

2020年7月21日，习近平总书记在企业家座谈会上指出，企业是创新的主体，是推动创新创造的生力军，也是创新成果的使用者、受益者。在未来产业发展过程中，以培育一批技术创新能力强的创新型领军企业乃至世界一流创新企业为目标，通过强调企业在科技创新决策、研发经费投入、科技成果转化等方面的主导作用，成为适合未来产业发展的创新主体，进而实现经济高质量发展。具体地讲，一是创新具有风险，企业通过对科学新发现的孵化和应用过程进行引导，进而实现技术创新成果的理论价值、商业价值及国家战略价值的统一。二是科学高效地利用研发资金是企业突破新技术、培育新产业的关键，企业通过投资与科研院所等主体协同创新，将基础研究的新发现转化为前沿技术成果，抢占新技术的先机，进而实现高质量的科学创新。三是创新型领军企业不仅自身需要具备强大的科技创新能力，还需要协同产、学、研等主体的基础科研能力。四是高校、科研院所等主体的科技成果转化存在技术转移效率低、效果不佳等问题，企业作为前沿技术成果转化的底线，通过其主导成果转化可以帮助提高转化效率和提升转化效果（陈劲和朱子钦，2021）。

前瞻布局未来产业，企业也可以从释放中小企业的科技型创新创业活力、培育面向未来的公益型企业家精神和善用"揭榜挂帅"激发全产业创新潜力三个方面强化其主体地位和主导作用。首先，中小企业是增强未来产业微观创新活力的重要载体，通过加强创新型领军企业的支撑作用，推动大、中、小不同层次企业的融通创新，进而激发中小企业的科技型创新创业潜力。其次，中国特色社会主义已经迈入新时代，企业家精神对培育未来产业具有重要意义。概括地讲，在宏观制度层面，持续推进市场化进程和推动社会创新与社会创业的制度优化；在中观社会生态层面，可以搭建帮助企业家成长的平台，推动企业以不同的方式积极融入社会；在微观组织层面，积极探索由企业家精神驱动的企业成长评价认证体系，从而保障企业创新创业激情与可持续成长（陈劲等，2020）。最后，探索和运用基于数字代理人技术的"揭榜挂帅"项目管理模式和科研反垄断机制，进而释放全产业乃至全社会创新潜力。"揭榜挂帅"作为科技创新的有效途径，"榜"代表了企业或社会发展的需求，通过张榜就是实现了通过需求倒逼科技创新；"帅"就是可以解决组织内外遇到的问题或者可以突破前沿技术的核心人才，体现了新的选才思想（谢琛和夏立恒，2020）。

2.3.3 高校

高校作为未来产业的创新主体之一，是拥有科学技术、人才等创新资源的主力军。截至2024年6月20日，我国共有3117所高校，党的十八大以来，高校科技创新能力得到极大提升，服务国家重大需求的成效显著，为未来产业的发展奠定了一定的基础，具体体现在以下五个方面：在科技人才方面，队伍不断壮大，高校拥有70%左右的国家杰出青年科学基金获得者和超过40%的两院院士；在科技创新资源方面，高校研究与开发经费不断增加、人才不断凝聚；在创新平台体系方面，高校牵头建设了60%左右的学科类国家重点实验室和30%的国家工程（技术）研究中心，在高校系统布局的教育部重点实验室、工程研究中心等平台超过了1500个；在科技创新贡献方面，高校承担了我国60%以上的重大科研任务、基础研究和国家科技三大奖励项目，以及80%左右的国家自然科学基金项目；在成果转化方面，高校专利授权量不断增加，并转化为现实的生产力（薛晨和赵迎晨，2020）。

高校主体在未来产业发展过程中，在不同重点领域通过全力突破前沿核心技术，成为解决我国重大战略领域"卡脖子"问题的"排头兵"。因此，充分发挥高校在基础知识研究、创新人才等方面的主阵地作用，加快构建和完善高校主体创新体系，对于推动实现高水平的未来产业发展具有重要保障（蔡帆等，2017）。一方面，明确和分类研究型大学、行业特色大学及应用型大学的作用和优势，充分发挥高校的基础研究和原始创新的主力军作用，构建具备基础知识研究、创新人才培养、核心技术攻关和成果转化功能的高质量高校创新体系。例如，国家未来产业的发展需要具备跨学科、大协同的引领性攻关力量，高水平研究型大学作为学科交叉及科教融合、产教融合的先头队伍和策源地，具有实现国家战略科技力量的优势。同时，加强构建与人工智能、

量子计算、生物医药、新能源等相关的未来技术学院，建设未来实验室，探索多学科交叉融合、引领未来科技发展的教学科研高地。

另一方面，以人才培养为首要使命，探索构建基础研究、技术攻关与创新等未来产业人才的培养体系。将人才培养置于首要位置，特别是针对基础研究、技术攻关及未来产业等关键领域，需要构建一套全方位、多层次的人才培养体系。这意味着要打破传统教育模式的界限，注重理论与实践相结合，鼓励跨学科学习与探索，为人才提供广阔的成长空间。在课程设置上，应强化基础科学的学习，同时融入前沿技术动态和产业发展趋势，使人才具备宽厚的知识基础与敏锐的洞察力。在提升人才创新能力方面，必须明确未来产业人才培养的战略导向，紧密结合国家发展战略和全球产业发展趋势，制定科学合理的人才培养规划。加强科研平台建设，为人才提供先进的科研设施设备和优质的科研环境，激发其创新潜能。在营造和完善未来产业人才发展的环境方面，我们需要构建一个集硬件与软件于一体的综合生态系统。在硬件方面，除提供先进的科研设施设备外，还应注重科研环境的舒适度与便捷性，为科研人员创造一个有利于灵感迸发的物理空间。在软件方面，则要建立和完善人才评价体系，这一体系应充分考虑创新能力、成果转化质量、实际贡献力度等多维度因素，确保评价的公正性和科学性。同时，要营造尊重知识、尊重人才、鼓励创新的良好氛围，为科研人员提供一个宽松自由、充满活力的"软"环境。

2.3.4 研究机构

在当今科技高速发展的时代，研究机构作为科技领域中的重要力量，扮演着不可或缺的角色。研究机构指的是由一定规模的科学家、技术人员等组成的，专门致力于研究某一领域或领域的相关问题的机构。

首先，研究机构的作用主要体现在技术创新和产业升级方面。众所周知，科技创新是推动未来产业发展的基础，而研究机构则是技术创新的主要推动者。研究机构是新思想和创新技术的摇篮，研究机构通过深入探究科学问题与实验验证，不断推动科学技术向前发展。这些研究所涉及的领域广泛，从基础科学到应用科学，再到高新技术，为未来的产品开发与技术进步打下坚实的理论和实验基础。随着研究成果的积累与创新技术的开发，研究机构成为推动现有产业升级转型的关键力量。它们通过技术转移，将创新成果转移到产业界，帮助企业改进生产流程、提高产品质量、降低生产成本，从而整体提升产业的竞争力和效率。研究机构不仅要产生新知识，还要促进这些知识的实际应用。科研成果的孵化涉及从实验室到市场的转变过程，包括科技创业、专利申请、技术转让等。这些活动有助于科技成果快速转化为实际生产力，加速科技创新成果的市场落地。这些都表明了研究机构在科技创新中的重要作用。

其次，研究机构也扮演着人才培养和智力支持的角色。研究机构是培养科技创新人才的重要场所，许多优秀的科学家和技术人才都是从研究机构中涌现出来的。研究机构内部的科研环境和技术支持对于提升科研人员的工作效率和科研实力具有重要意义。一方面，良好的科研环境能够吸引和留住优秀的科研人才，形成稳定的科研团队，团队成员间的协作和持续交流，为科研活动提供了动力，确保了科研目标的连贯性和科研项目的有效推进；另一方面，强有力的技术支持能够确保研究人员顺利进行科学实验和数据分析，提高科研工作的效率和质量。除直接培养人才外，研究机构还通过为产业转型和升级提供智力支持，间接地推动人才培养。随着经济的发展和科技的进步，传统产业面临着转型升级的压力。研究机构通过开展前瞻性的研究和开发，为产业转型提供关键技术和解决方案。

最后，研究机构在知识产权的保护和管理方面也发挥着重要作用，它们不仅是探索科学前沿的排头兵，还是知识产权保护的守护者。在当今这个知识经济时代，知识产权已成为衡量一个研究机构核心竞争力的重要标志。研究机构在知识产权的保护和管理方面所发挥的作用，不仅体现了其对创新成果的珍视，也彰显了其在促进科技进步和经济发展中的社会责任。研究机构所涉及的许多领域和技术都有很高的技术含量和经济价值，在一定程度上显现出了一定的商业价值。而研究机构则通过对科技成果的保护和管理，帮助科学家和工程师合理开发市场，保护知识产权。

研究机构能够发挥重要的作用，这要归功于其良好的作用机制。一是研究机构具有高度的专业性和分工性。研究机构对科学问题的探究和解决，需要相关领域和专业的科学家和工程师，而每一个科研人员都是在专业领域上进行深入探究的。这样，研究机构能够提供高度专业化的研究服务，有效提升了科技创新的水平。二是研究机构具有高度的灵活性和创新性。研究机构处于科技创新的前沿，新兴科技的研究，需要不断地寻找创新点和突破口。这就要求研究机构具有高度的创新性和灵活性，发掘出更多有前瞻性的科学和技术手段，将其应用于实际生产和应用中。三是研究机构的同行评议制度，也能有效保证科学研究的水平和科学性。同行评议制度强调的是科学实证和学术诚信，这样能够确保科学研究的严谨性和可靠性，并对研究机构的研究工作

和成果进行指导和监督，确保其具有实际和理论价值。四是研究机构与政府产业政策的联系也是其作用机制之一。研究机构所研究的领域和技术方向，往往是符合国家和社会发展需求的。政府可以根据这些需求，采取相应的产业政策，鼓励研究机构加快研究成果的产业化进程，提升技术含量，创造更高的技术附加值。

总体来说，研究机构在科技领域中的作用和作用机制是非常重要的，其所具有的专业性、灵活性等优势，能够促进科技创新和产业升级等工作的开展。随着时代的发展和社会的变革，研究机构也要不断拓展自身的技术领域和作用边界，为人类的科技发展做出更大的贡献。

2.3.5 金融机构

金融作为推动未来产业发展的关键要素，在培育未来产业过程中起着不可或缺的作用，需要通过满足企业融资需求促进未来产业的落地进程。未来产业由于尚处于孕育孵化阶段，其发展具有较强的不确定性和高风险性，这也易使投资者陷入决策困境。在我国，中小微企业是扩大就业、改善民生的重要力量，蕴含着未来产业的巨大微观活力，是推动未来产业均衡发展的重要基础。然而，从资金需求方的角度来看，规模大、发展稳健及市场成熟的企业容易获得投资者的融资，身处未来产业孕育期的科技型中小微企业获得的投资并不理想。在这一背景下，金融机构作为经营风险的机构和经济信息的传播者，对于中小微企业的发展起着至关重要的作用，通过鼓励和吸引更多的资金流动，可以解决未来产业培育过程中遇到的问题，提高未来产业发展的认识和水平。

首先，金融机构可以构建未来产业友好的金融支持体系。加强政策引导和保障是金融机构构建未来产业友好金融支持体系的重要基础，政府和监管部门应出台一系列优惠政策和措施，如税收减免、资金扶持、信贷便利等方面的政策支持，旨在降低投资未来产业的风险和成本，鼓励金融机构更加积极地参与到这一领域的发展当中。随着未来产业的快速发展，它们对金融服务的需求也日趋多样化和复杂化。传统的金融产品和服务模式已无法完全满足这些需求。因此，金融机构需要针对未来产业的具体特征，如高风险、高投入、长周期回报等，设计和推出更为灵活和创新的金融产品。这些产品可以是股权融资、债权融资、保险、租赁等多种形式，旨在提供更加个性化和定制化的金融服务。完善担保体系是金融机构构建未来产业友好金融支持体系的重要环节。在未来产业领域，许多企业特别是中小微企业往往面临融资难、融资贵的问题。为了解决这一问题，金融机构需要与担保机构合作，建立健全担保体系，有效的担保机制可以降低金融机构的风险,增加其对未来产业企业贷款的意愿,从而帮助企业克服融资障碍。

其次,要使未来产业的蓬勃发展,离不开一个全方位、多层次、高效能的金融生态系统的有力支撑。这一系统的构建,不仅需要金融机构的深度参与,更需要政府、市场主体等多方力量的共同推动。打造未来产业金融生态系统,已经成为推动产业发展的重要战略举措。在未来产业金融生态系统中,跨区域、跨领域、跨市场的合作与交流至关重要。金融机构之间需要加强合作与资源共享,打破地域和行业的壁垒,实现金融资源的有效整合和优化配置。同时,金融机构还应积极与非金融领域如科技、产业等进行深度融合,共同探索未来产业的发展路径和商业模式。政府通过直接投资、设立引导基金等方式,吸引社会资本和金融机构投入到未来产业领域。这些新业态不仅为未来产业提供了更加便捷、高效的金融服务,也为金融市场注入了新的活力和竞争力。同时,市场主体如企业、个人等也需要积极参与到未来产业金融生态系统的建设中来,通过合作与竞争推动金融服务的创新和发展。

最后,提升金融审慎监管的能力和力度,通过建立基本规则体系,明确金融机构的服务范围、准入条件、风险控制等方面的要求。监管机构应站在全局的高度,对未来产业的金融监管进行统筹规划和设计。同时,明确规定金融机构在未来产业领域的准入门槛,设立高标准的金融机构准入门槛,包括资本充足率、管理团队资质、内部控制机制等方面的严格审查,确保新进入市场的机构具备足够的风险抵御能力和合规经营意识。对于已有机构,实施定期复审机制,确保其持续满足监管要求。此外,积极推动金融机构加强合规文化建设,确保业务操作符合法律法规和监管要求,防范违法违规行为的发生。同时基于数字化技术提升监管能力,精准识别、防范和解决遇到的金融风险,增强未来产业金融监管的专业性、统一性和穿透性(陈劲和朱子钦,2022)。

2.3.6 服务机构

服务机构作为现代化经济体系中的重要组成部分,其范畴已远远超越了传统意义上的支持性角色,特别是在科技创新与产业升级的浪潮中,它们扮演着不可或缺的桥梁与催化剂角色。这些机构不仅涵盖了信息咨询、投资咨询、金融担保、征信服务及信用评估等多元化领域,还深刻影响着中小企业乃至整个经济生态的健康发展。随着全球科技革命的加速演进,新兴技术的不断涌现正以前所未有的速度重塑产业结构与

经济格局。在这一背景下，科技中介服务机构的重要性愈发凸显。它们不仅是科技创新与市场需求之间的"超级链接者"，还是推动科技成果快速转化为现实生产力的关键力量。通过构建高效的信息交流平台，科技中介服务机构能够精准对接技术供给方与需求方，有效减少信息不对称，加速技术转移与成果转化过程。具体而言，这些机构通过深度整合高校、科研院所、企业等各方科技资源，形成强大的创新网络，为中小企业提供从技术研发、产品设计到市场推广的全链条服务。它们利用自身的专业优势，帮助企业解决技术难题，优化产品性能，提升市场竞争力。在数字化、网络化、智能化的新时代，科技中介服务机构更是迎来了前所未有的发展机遇。它们积极拥抱大数据、云计算、人工智能等先进技术，不断升级服务模式，提升服务效能。通过构建智能化服务平台，实现科技资源的精准匹配与优化配置，为企业提供更加个性化、精准化的服务方案。这些平台不仅能够为企业提供实时的市场动态分析、技术趋势预测，还能根据企业需求，快速链接到全球范围内的优质资源，助力企业实现跨越式发展。此外，科技中介服务机构还致力于推动产学研深度融合，促进科技成果的产业化应用。它们通过搭建校企合作平台、组织科技成果对接会等形式，促进学术界与产业界的交流合作，加速科技成果向现实生产力的转化。这种深度融合不仅有助于提升企业的技术创新能力，还能为高校和科研院所提供实践机会和资金支持，形成良性循环的创新生态系统。

2.3.7 知识权益运营机构

知识权益运营机构作为未来产业创新体系中不可或缺的创新主体，承载着推动科技进步与产业升级的重要使命。它们不仅是科技创新成果的守护者，还是将这些成果从理论探索转化为实际应用，促进经济社会发展的重要桥梁。在这一角色定位下，知识权益运营机构的核心职责在于，全方位保护那些源自关键技术突破的创新成果，这些成果往往以论文、专著、专利及最终产品等多样化形式展现，它们是产业创新链上最为宝贵的资产。在科技创新驱动未来产业发展的过程中，未来产业的不确定性特征要求知识权益运营机构提高创新成果的公共属性，加强知识产权保护，同时制定和完善创新成果激励模式和机制，加快推动未来产业的发展。

第一，系统布局和构建专利体系，通过运用技术和法律等不同手段完善与知识产权相关的综合管理体制，注重全链条保护知识产权。同时，加强建设知识产权信息化基础设施也是保护知识产权的重要举措，要利用现代信息技术手段，建立知识产权信息平台，实现知识产权信息的共享和交流。利用大数据技术的强大搜索、获取和分析能力，可以实现对海量知识产权信息的快速收集、整理与深度挖掘，从而精准识别出潜在的侵权行为、市场趋势及技术动向。通过构建智能化的监测系统，能够实时跟踪并分析全球范围内的知识产权动态，包括专利申请、商标注册、版权登记等各类信息，为权利人提供及时、准确的预警服务，有效防范和应对潜在的侵权风险。同时，推动知识产权线上、线下融合发展，已成为保护知识产权的重要趋势。线上平台通过数字化手段，实现了知识产权交易的便捷化、透明化，降低了交易成本，提高了交易效率。而线下服务则侧重于提供专业的法律咨询、代理服务及实体展览展示等，为知识产权的创造、运用、保护和管理提供全方位的支持。

第二，创新知识权益管理模式是未来产业发展的重要方向，它要求我们在现有的知识产权管理体系的基础上，进行深入的理论革新和体制机制创新。打破传统框架的束缚，构建一种能够动态调整、快速响应市场变化和技术进步的管理体系。持续优化管理流程，引入大数据、人工智能等先进技术，实现知识产权信息的全面收集、智能分析和高效利用。建立一套公正、透明、高效的知识产权保护机制，确保创新成果得到应有的尊重和回报，包括加强知识产权法律法规建设，提高执法力度、准度和效率；完善知识产权纠纷解决机制，降低维权成本；加强国际合作，共同打击跨国知识产权侵权行为。同时，通过税收优惠、资金扶持、市场准入等激励措施，鼓励企业和个人积极投身于创新活动，推动知识权益的转化和应用，让创新成果真正惠及社会。此外，将知识产权概念拓展为知识权益层面，是实现企业不独占和获得知识产权目的的重要途径。这一转变要求我们超越传统知识产权观念的局限，将知识产权视为一种公共资源和社会财富，强调其社会价值和社会利益。在这一理念的指导下，我们应积极推动知识产权的共享与协作，鼓励企业之间、产学研机构之间开展合作创新，共同解决产业发展中的关键问题。同时，通过建立健全知识产权评估与交易体系，促进知识权益的合理流动和有效配置，加快推动未来产业的发展。

2.4 未来产业创新发展的理论基础

未来产业作为时间概念和产业形态的综合体，突破性技术和颠覆性创新是其发展的重要基础，具有新型产业形态、新科技革命技术支撑、新运营模式创新等综合内涵。因此，立足未来产业的实践和内涵，未来产业的理论渊源可以囊括未来学理论、产业经济学理论、区域经济学理论和创新创业管理理论。

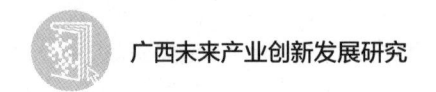

2.4.1 未来学理论

未来学，作为一门极具前瞻性与开拓性的学科，始终紧密围绕着人类日益增长的多元需求。随着社会的发展，人类需求从基础的物质保障，逐步延伸至对高品质生活、精神富足及探索未知的渴望。未来学正是以这样的需求为出发点，以未来的事物作为核心研究对象，探讨现代产业和科技的发展对人类经济社会影响的学科。学者们主要从理论和应用两方面对未来研究进行了探索和预测事物发展的趋势，形成了理论未来学和应用未来学两部分内容（张继泽，2006）。

目前，未来学已经涉足科学、技术及军事预测等多个研究领域（于金申和瑞尔·米勒，2024）。在科学领域，未来学敏锐捕捉前沿科学研究的微弱信号，紧密结合如量子计算、基因编辑、暗物质探索等前沿方向，预测这些领域的突破将如何重塑人类对世界的认知版图，以及彻底改变人们的生产生活方式。在技术领域，未来学聚焦新兴技术如人工智能、区块链、物联网、5G通信等的发展动态，深入探讨其大规模应用对产业结构调整、就业格局变化的深远影响，并凭借专业的分析为技术研发方向提供高瞻远瞩的战略性建议。在军事预测领域，未来学依据复杂多变的国际形势、微妙敏感的地缘政治及日新月异的军事技术发展动态，精准预测未来战争的形态、作战模式及军事战略的演变趋势。从无人化作战平台的广泛应用，到网络空间成为新的战场，未来学为国防建设和军事决策提供了坚实可靠的支撑，助力国家在复杂的国际军事环境中保持战略主动。未来学通过紧密贴合科学技术和社会经济的发展重点，为科学技术的突破和人类社会的可持续发展提供了不可或缺、极为关键的决策依据。

未来产业作为未来15～30年逐步形成的一种产业形态，是由具有变革性影响力的未来突破性技术所驱动形成，以满足人类社会美好需求为目的的一种新兴产业（芮明杰，2018）。基于未来学理论，我们需立足未来产业发展所依赖的关键核心技术，积极探索并预测其发展进程中可能遭遇的不确定性因素。诸如关键技术在突破时往往面临巨大阻碍，前沿引领技术的创新也困难重重。尤其是前沿技术引领创新领域，因缺乏成熟完备的理论基础，且尚无清晰明确的技术路线，而充满了未知与不确定性。为了有效冲破这些阻碍未来产业发展的"荆棘丛"，就需要最大限度地开发和整合各类创新资源。一方面，政府要发挥宏观调控的主导作用，加大对基础研究的资金投入力度，营造宽松自由的科研环境，鼓励高校和科研机构勇攀科学高峰，开展前沿科学研究，精心培育一支高素质、创新型的科研人才队伍。另一方面，企业作为创新的主体力量，要积极主动地与高校、科研机构建立深度融合、互利共赢的产学研合作关系，实现创新资源的高效共享与优势互补。通过高瞻远瞩的超前部署，坚定不移地聚焦基础研究和创新，不断提升国家在关键核心技术领域的自主创新能力，进而显著增强国家的科技实力和产业竞争力，为未来产业的蓬勃发展筑牢根基，推动人类社会稳步迈向更加繁荣、美好的未来。

2.4.2 产业经济学理论

产业经济学（Industrial Economics）作为一门应用经济领域的新兴学科，正处于蓬勃发展的阶段。尽管其全面而系统的学科架构确立不久，但其背后的理论根基与思想脉络却可追溯至深远的历史长河之中（苏东水和苏宗伟，2021），它体现了悠久的学术传承与不断的理论创新。例如，早在战国初期，杰出政治家李悝便倡导了"重视农业，限制商业"的理念，这一观念随后在商鞅、荀子等人的思想体系中得到了进一步的深化，他们明确主张"农业为根本，工商业为次要"，这一立场深刻体现了我国古代智者对于农业与工商业两大经济板块间相互关系的独到见解与平衡考量（岳强，2018）。产业经济学的理论体系已经历了显著的丰富与扩展，随着研究探索的持续深化，其应用领域也日渐广泛。产业经济在推动经济发展的过程中所扮演的角色日益凸显，其重要性无可替代。因此，全球各国纷纷加大对产业经济学的研究力度与应用实践，以期通过这一领域的深入探索，为经济社会的持续繁荣贡献力量。

产业经济学以产业为研究对象，主要包括产业结构、产业组织、产业发展、产业布局和产业政策等。在探究以工业化为核心的经济增长进程中，需深入理解不同产业间相互关联的结构及其动态演变的规律，同时剖析产业内部企业组织结构的变迁趋势。此外，经济发展过程中内在的平衡机制与失衡挑战也是关键议题。产业经济的深入剖析，不仅为精准制定与实施产业政策提供了强有力的经济逻辑支撑，还是国家制定宏观经济发展战略的重要基石。作为宏观经济调控与微观企业行为之间的桥梁，产业经济在促进经济政策有效传导至市场微观层面、确保经济系统整体协调与高效运行方面，发挥着不可或缺的中介作用。

产业经济学作为一门以产业为核心分析框架的学科，其研究焦点在于科技进步、劳动力及资源要素的流动机制、空间布局的经济效应及其动态演变规律（吴福象，2004）。为了深入探讨这些议题，产业经济学借助了包括计量经济学在内的多种分析工具，如SAS、SPSS、EViews等软件，来处理和分析经济数据。在方法论上，它融

合了博弈论、力量互动分析，以及均衡与非均衡等多样化的分析手段，其理论基础深深植根于哲学的矛盾论、辩证法思想之中。同时，产业经济学的模型构建往往受到自然科学模型的启发与借鉴，体现了社会科学与自然科学在深层次上的相通性和互补性。该学科致力于构建一个从微观基础层面出发，逐步扩展至中观行业层面，最终到达宏观经济层面的知识体系和逻辑架构。其核心目标是揭示产业发展的内在规律，它是一门脚踏实地、专注于实体经济研究的学问。在这一视角下，实体经济被视为虚拟经济的基石，其稳健发展对于整体经济体系的健康与稳定具有决定性作用。虚拟经济如同驱动引擎，而实体经济则是支撑前行的轮胎，两者相辅相成。产业发展的自然轨迹是从非均衡状态逐步迈向均衡状态的。正如古语所云，"祸福相依"，中国的东部地区与中西部地区经济发展之间的不平衡，预示着东部地区虽领先却也潜藏着风险，经济危机往往首当其冲地影响东部地区。产业经济学，作为一门学科，以其独到的洞察力，展现出对产业未来趋势的良好预见性。

目前，产业经济学主要应用的学科领域集中在产业组织理论、产业结构理论、产业关联理论、产业布局理论、产业发展理论、产业政策理论和"五力模型"（胡吉亚，2016）。

产业组织理论：产业组织理论的核心使命之一，是破解由马歇尔提出的经典难题——企业追求规模经济以降低成本与维持市场竞争活力之间的内在张力（李利军和田丽红，2010）。这一理论框架的基石，可追溯至张伯伦、梅森、贝恩及谢勒等先驱所构建的理论体系，他们提出了市场结构、市场行为、市场绩效三者间的紧密关联理论，即广为人知的"结构—行为—绩效"（Structure-Conduct-Performance，SCP）模式。SCP模式不仅为产业组织理论奠定了坚实的基础，而且后续的理论发展大多是在此基础上进行的，或是对其进行深化拓展，或是提出批判性反思。

产业结构理论：产业结构理论将目光聚焦于产业结构的动态变迁过程及其对经济成长轨迹的深远影响。该理论采取宏观经济的分析视角，深入剖析产业间资源配置的动态调整、产业层级结构的演变规律，旨在为政策制定者提供科学依据，助力其制定更加精准有效的产业结构规划、布局优化及持续升级策略，以促进经济的持续健康发展。产业结构理论是一个综合性体系，它涵盖了四个关键维度：首先，探究那些塑造并决定产业结构特征的关键因素；其次，分析产业结构随时间与外部环境变化而展现出的演变轨迹与内在规律；再次，聚焦于如何通过策略性调整实现产业结构的优化升级；最后，还涉及战略产业的精准识别与产业结构政策的科学制定，以及产业结构规划与调整等实践导向的研究。

产业关联理论：亦称产业联系理论，其独特之处在于，它会深入分析产业间通过中间投入与产出所形成的复杂关联网络。这一分析框架的核心工具是里昂惕夫提出的投入产出法，它能够精准刻画各产业在生产过程中的相互依赖关系，即某一产业的产出如何成为其他产业的投入，以及各产业对中间产品的需求状况。这种对中间环节的细致考察，是产业关联理论与产业结构、产业组织理论相互区分的重要标志。进一步地，产业关联理论还具备分析产业间前向与后向联系的能力，它揭示出某一产业变动对其他产业可能产生的连锁反应，包括产业间的感应度、影响力、生产最终依赖度，以及由此引发的就业与资本需求的变动等，为全面理解产业经济的动态运行机制提供了有力支持。

产业布局理论：产业布局作为国家或地区经济规划的核心基石，不仅是发展战略的不可或缺环节，更对维系国民经济持续、稳健的增长态势起着至关重要的作用。该领域的研究，即产业布局理论，深入探讨了多重维度：它分析影响产业空间分布格局的各类因素；揭示产业布局与经济增长之间错综复杂而又相辅相成的内在联系；阐述布局过程中应遵循的基本原则与核心原理；归纳总结出产业布局普遍遵循的一般性规律；探讨产业布局的具体指向性，即产业在不同地理区域或经济环境下的最优配置方向；此外，还涉及制定和实施产业布局政策的策略与方法，旨在通过科学合理的规划，优化资源配置，促进经济社会的全面发展。

产业发展理论：作为一门深入研究产业演进历程的学科，产业发展理论核心聚焦于产业发展中的规律性探索、周期波动分析、影响因素剖析、产业转移机制、资源优化配置策略及发展政策的制定与优化。对这一领域的深刻理解，对于政策制定者而言，意味着能够依据产业发展的阶段性特征，精准施策，推动产业持续健康发展；而对于企业而言，则有助于它们把握市场脉搏，制定符合产业发展趋势的战略规划。从纵向维度审视，产业发展理论不仅涵盖政策制定的全过程，包括前期的经济调研与分析、政策的设计与出台、实施路径的规划、效果的量化评估，以及基于反馈的适时调整与完善等，它们形成了一个闭环的政策管理体系。而从横向维度展开，该理论广泛涉及多个政策领域，如旨在促进产业整体发展的产业政策、旨在优化产业内部结构的组织政策、旨在调整产业间关系的结构政策、指导产业空间布局的布局政策，以及推动产业技术创新的技术政策等，共同构成了产业发展的多维度支持体系。从作用特征的角度分类，产业发展理论中的政策类型可划分为秩序型（或制度型）与过程型（或行为

型)两大类。前者侧重于通过制度建设与规则设定,为产业发展提供稳定可预期的环境;后者则更加注重政策在产业发展过程中的动态调整与引导,以灵活应对市场变化,促进产业目标的实现。

产业政策理论:产业政策理论聚焦如何为产业高质量发展制定高水平的政策体系,它通过对产业政策的研究,为产业政策的制定与选择,提供原理、原则和方法。产业政策理论的核心部分是产业结构政策理论,其以产业资源的分配政策作为研究对象,在探讨产业结构演变规律及其原因的基础上,通过对产业结构的历史、现状及其未来的分析,寻找产业结构的发展变化规律,为制定合理的产业结构政策服务。

"五力模型":"五力模型"是产业经济学的重要内容。它由著名的经济学家——迈克尔·波特(Michael Porter)于20世纪80年代初提出,企业战略的制定受到全球范围内的深刻影响。竞争战略分析是一种有效的工具,它可以评估客户在竞争激烈的市场中的位置。这种分析涵盖多个方面,包括评估供应商的议价能力、判断消费者的议价能力、预测新竞争者可能引发的问题、评估替代品或服务的风险,以及分析行业内现有竞争者之间的竞争状态。通过这种分析,我们可以更好地理解市场动态,从而制定出更加精确和有针对性的战略。

研究产业经济学对于理论探索和实际应用都有着不可或缺的重要性。从理论角度来看,它不仅促进了构建一个统一的经济学框架,还加强了经济学与管理学之间的对话,并且推动了应用经济学领域的进一步发展。在实践层面,它帮助形成高效的产业组织结构,促进产业结构向更优化、更高层次演进,这与科学发展观的实践密切相关。同时,它还指导了产业的合理分布,减少能源消耗并提升整体经济效益。

2.4.3 区域经济学理论

区域经济学专注于探究地理区域与经济活动之间的相互影响关系,其核心在于解析市场经济体中生产力的地理分布和发展模式。该学科旨在识别那些能够促进不同地区而非单个企业经济增长的方法和策略,并研究如何在各地区的独特优势上进一步优化资源配置,以提升整个区域的经济效益(黄小勇,2014)。此外,区域经济学还为政府的政策决策提供理论支持和科学指导,确保公共政策能够有效地促进区域经济的健康发展。具体分析区域经济发展中的规律性问题包括区域特征分析,目标系统与政策手段,产业结构演进,人口增长与移动,城市建设与布局,区域国土规划,区域联合与区际利益的协调，区域比例关系。

第一，区域经济理论的学科化：艾萨得的空间经济学

空间经济学一词常作为区域经济学的同义词，20世纪20年代至50年代是区域经济学雏形形成的阶段。区域经济学这一学科的奠基人是美国的经济学家艾萨得教授，他的重要作品《区位和空间经济学》为该领域提供了关键的学术指引。艾萨得教授所引领的区域科学场域，汇集了来自不同背景的专家学者，包括经济学家、地理学家、生态学家、人类学家及城市规划专家，共同致力于探究区域经济综合发展的策略，这一跨学科的合作显著推动了区域经济学作为一门独立学科的发展与成型。

在艾萨得的基础上，区域经济学家又进一步关注了区域经济发展和区域经济差距问题。缪达尔于1957年提出了"累积因果论"，明确提出了"市场力的作用在于扩大而不是缩小地区间的差别的认识"。他认为，当某地区的增长速度超越了平均水平，它将逐渐建立起竞争优势。这种优势会随着时间累积，对那些增长缓慢的地区形成压制，进一步加剧它们的发展困境，导致不利因素在这些已经落后的地区不断积聚（白永秀和任保平，2007）。1958年，赫希曼在其著作《经济发展》中阐述了一系列深刻见解，他不仅提出了"涓滴效应"与"极化效应"这一对互补概念，并详尽剖析了二者的运作机制。赫希曼还构建了"核心与边缘区域理论"，为区域发展研究开辟了新视角。根据该理论，核心区域的经济增长虽能凭借扩展效应对边缘区域产生一定的带动作用，理论上有助于缩小区域差距，但现实情况往往更为复杂。在市场机制的自我调节下，极化效应常常更为显著，它强化了核心区域的竞争优势，而相比之下，尽管扩展效应存在，但其对边缘区域的正向影响显得较为有限，从而可能进一步加剧区域间的不平衡状态（胡少维，2013）。为了调整这一不平衡态势，需要通过政策干预来引导，即利用国家层面的宏观经济政策作为杠杆，有策略地促进区域经济的协调发展。

随着区域经济学的逐渐深化，它逐步与西方主流经济学融合，尤其在凯恩斯主义经济学兴起后，西方经济理论的进展对区域经济学产生了显著的影响。在凯恩斯主义的启发下，西方的一些经济学家开始采用宏观经济学的分析工具，深入探讨诸如资本积累、劳动就业增长、技术进步、市场体系构建与区域收入提升之间的联系。他们还研究了人力资本投资、投资比率、失业率、工业化进程、都市化、要素流动性、通货膨胀与区域经济增长率之间的区域性差异。此外，这些研究还涉及如何在国内各个地区形成最优的产业结构和合理的地域分工，以及如何通过经济和政策手段刺激欠发达

地区的经济增长，缓解大城市过度集聚带来的问题，改善整体生态环境的质量。区域经济学积极吸收融合西方主流经济学的先进研究方法与理论精髓，并以此为基础，致力于推动全国范围内各区域间的均衡与协调发展。这一过程不仅丰富了区域经济学的内涵，也促进了其理论框架的逐步构建与完善，为区域发展策略的制定提供了更为坚实的理论基础。

第二，区域经济理论的体系化：流派的形成

自20世纪80年代伊始，全球经济逐步呈现出区域化、集团化及一体化的走向。与之相呼应，区域经济学的研究亦开始呈现全新特征。依托于各种不同的研究方式、分析手段及理论架构，区域经济学逐渐衍生出众多不同的理论派别，推动区域经济学的研究工作步入一个全方位发展的崭新阶段。

（1）新经济地理学派。20世纪90年代，以克鲁格曼、藤田等为代表的新经济地理学派，为区域经济分析带来了新视角，他们引入不完全竞争模型，着重探究"中心—外围"均衡的实现条件（胡少维，2013）。该学派的理论核心扎根于三个重要经济学假设。其一为收益递增原理。新经济地理学派主张，区域内经济活动的集聚能够促使收益提升，这背后反映的是规模经济的效能。尤其是多个部门或产业在同一区域集中布局时，规模经济所带来的优势愈加凸显。其二是不完全竞争概念。克鲁格曼开创性地将此模型运用到区域经济研究中。他指出，在不完全竞争的市场环境下，一旦某地区的制造业率先发展起来，便会因集聚效应形成工业区。而与此同时，其他地区可能依旧以农业为主。这种发展态势一旦形成，优势地区的领先地位就会被"锁定"，进而塑造出中心区域与外围区域泾渭分明的格局。基于此，区域经济学的研究重点便聚焦于剖析中心与外围的关系，以及探寻地理中心区域的形成机制。其三是运输成本因素。该学派认为，区域经济活动应当以降低运输成本作为重要考量。在此基础上，新经济地理学派构建了区域经济的"中心—外围"模型。这一模型不仅是该学派对区域经济学的重大理论贡献，更是当代区域经济学发展进程中的前沿成果与卓越成就的体现。

（2）新制度学派。新制度学派在区域经济学领域的核心进行探索，它将制度因素作为关键变量融入区域经济分析框架之中，深入剖析政府及其治理体系、政策导向如何塑造并影响区域经济的动态演进。其研究焦点在于，如何通过精心设计的区域政策，来调和区域间的发展差异，促进资源的优化配置与经济的均衡增长（白永秀和任保平，2007）。因此，新制度学派实质上是在探讨如何通过政策手段，即区域政策的制定与实施，来应对和解决区域经济发展中的挑战与问题。约翰·弗里德曼指出，区域经济政策主要围绕解决基于地理位置的经济问题展开，关注经济发展"在何处"推进，这反映出从国家层面应对区域性问题的必要性。新制度学派在区域经济学领域持有这样的观点：区域经济政策的关键目标涵盖多个方面。一方面，要提升区域内现有资源的利用效率，让每一份资源都能发挥最大效能；另一方面，需对资源在区域内各类用途间的分配进行优化，从而达成空间资源配置的理想化状态，推动区域实现最佳经济增长。此外，在不同区域间合理地重新调配生产要素也至关重要。值得注意的是，新制度学派着重强调，在拟定区域经济政策的过程中，务必要依据各个区域自身的特点及其所处的发展阶段，进行合理的抉择与适时的调整，以此确保政策能够精准适配不同区域的实际需求。

（3）区域管理学派。区域管理学派作为区域经济学界的一股新兴力量，是区域经济学与管理学深度交融的产物，标志着区域经济研究的新纪元。它不仅架起了理论探索与实践应用之间的桥梁（胡少维，2013），还推动了区域经济学向更加实用化、系统化的方向发展。区域管理理论的核心包括三大维度：首先，是区域经济发展的科学管理，即强调在维护市场公平竞争原则的基础上，通过高效整合与优化配置区域内的经济资源，激发区域经济活力，推动其稳健前行；其次，聚焦于区域人口的战略管理，特别是在知识经济崛起的背景下，人力资源被视为区域竞争力的核心要素，区域管理理论因此高度重视提升人口素质、激发科技创新能力及培养创新精神，以人才驱动区域经济的繁荣发展；最后，关于区域环境的综合管理，这一维度彰显了可持续发展的理念，要求对区域内的水资源、土地资源等自然资源进行合理开发与保护，同时有效治理大气污染、噪声及废弃物污染，确保区域经济与生态环境和谐共生。此外，区域经济学的规范化进程也迎来了重要里程碑——成熟的空间经济学的诞生，这标志着区域经济研究在理论构建与实证分析方面均达到了新的高度，为区域政策的制定与实施提供了更为坚实的科学依据。

（4）区域经济学。随着空间分析思维的引入，区域经济分析领域得到了极大的推动，进而催生了区域经济学的确立。这一变革促使区域经济学从传统的区位理论演化为一个系统化、标准化的独立学科，使得区域经济学逐渐成为一种规范的空间分析经济学。正如《区域和城市经济学手册》(第1册)的主编彼得·尼茨坎普所指出的那样："在过去的几十年间，区域经济学已经成为具有坚定的研究方向和巨大研究潜力的成熟的经济学科之一。"

1990年，迈克尔·波特在《哈佛商业评论》第2期发表的《论国家的竞争优势》一文意义非凡，它让产业集群理论摆脱了"边缘"地位，掀起了学界和业界对产业集群理论进行研究的热潮。波特对产业集群给出了明确的定义，他认为，产业集群是在特定领域内，那些相互之间存在关联且地理位置相对集中的公司与机构所组成的集合。在该书中波特提出了著名的"钻石模型"。该模型表明，产业集群的竞争优势并非源自单一要素，而是由诸多相互关联、彼此作用的因素共同铸就的，这些因素综合起来会对公司的竞争实力产生影响。运用"钻石模型"，波特能够识别出哪些公司与产业更具竞争优势，并且特别强调主导产业在集群获取利益的进程中发挥着至关重要的作用。可以说，"钻石模型"是波特一系列研究成果的关键部分，在阐释产业集群的动态竞争优势方面具有极高的适用性。从具体构成而言，"钻石模型"包含四个基本要素及两个附加要素。四个基本要素分别为要素条件、需求状况、相关及支持产业，以及企业的战略规划、组织架构与竞争对手；两个额外要素是机会与政府。波特着重指出，唯有当各个要素均能充分释放效能，一个国家才得以成功搭建起"钻石模型"的架构，从而为企业打造优质的发展环境，有力推动整个产业持续进步。他进一步提出，国内竞争压力与地理集中性是构建完善"钻石模型"体系的核心要点。国内市场的白热化竞争，能够有效激发其他企业的创新活力，而地理上的集中布局，有助于将四个基本要素融合成一个有机统一的整体，促使各要素间的相互作用与协同增效更为高效、顺畅地开展。迈克尔·波特的国家竞争优势理论深刻阐述了产业集群如何在三大核心维度上构筑其竞争优势：首先，通过集群效应显著提升集群内部企业的生产效率，实现资源优化配置与成本节约；其次，集群能够明确科技创新的导向，加速创新循环，为产业升级注入不竭动力；最后，集群效应增强了整个区域或行业的品牌影响力与市场渗透力，扩大了竞争优势的辐射范围。随着集群竞争优势的稳固形成，利润不仅在产业链上下游企业间顺畅流动，还促进了水平方向上的企业间协同增效。此外，产业集群已成为一个充满活力的生态系统，它不仅促进了内部企业的多元化发展，还通过孵化新企业、深化专业分工与合作，以及灵活的分包与转包机制，加速了知识、信息、先进技术及市场价值在集群内部的快速流通与深度融合。这种高效的内部循环机制，使集群能够灵活应对外部技术革新与市场需求变化的挑战，持续在产品质量、产品特性及新品研发上保持领先地位，从而巩固并强化其整体的竞争优势。

克鲁格曼、阿瑟、维纳布尔斯及巴罗和沙拉马丁等学者，针对新空间集聚现象从两个方向展开研究（白永秀和任保平，2007）。其一，从报酬递增视角探究空间集聚。

该研究视角主要基于如下理论：在推动贸易发展与专业化分工进程中，报酬递增、规模经济及不完全竞争，相较于报酬稳定、完全竞争和相对优势等因素，发挥着更为关键的作用；市场的构建、技术的进步及其他能带来收益递增的要素，其影响范围并非局限于国际或国内层面，而是通过区域或地方的经济集聚过程得以形成。其二，从区域成长的维度来研究空间集聚。在关于空间集聚现象的研究中，学者们围绕报酬递增现象的多种表现形式进行探讨。以克鲁格曼与维纳布尔斯的模型为例，他们强调了三种关键的外部性因素，作为推动区域经济活动向特定空间集中的核心动力。这些因素分别是：一是劳动力市场的集中效应，即随着企业在某一区域的聚集，形成了专业化的劳动力市场，降低了企业的招聘成本；二是技术溢出的积极影响，集聚区域内的企业更容易获得技术创新的溢出效应，通过相互学习与合作，不断提升自身的技术水平与生产效率；三是中间商品供求关系的优化，区域内企业间的紧密合作促进了中间产品的有效供给与需求匹配，降低了交易成本，增强了产业链的协同效应。这三方面因素协同发力，促使区域经济活动出现了空间集聚现象。巴罗和马丁经研究发现，新古典集聚模型在分析国内各地区情况时，相较于用于国际分析，效果更为显著。这是由于在同一国家内，不同地区在工业发展的诸多关键因素上存在相似性，如技术水平、文化氛围、政府管制措施与政策导向、制度架构及立法体系等。这些相似之处使国内地区间的经济集聚相较于国际集聚，更易于达成。经济全球化对国内各地区经济活动的集聚与扩散产生的影响，主要取决于市场覆盖范围、交通成本高低及地区间劳动力的流动程度。伴随经济全球化进程的不断推进，资本和劳动力的流动性显著增强，这一变化可能引发更为广泛的空间集聚，进而致使核心地区与边缘地区的差距进一步拉大，空间经济的不平衡状况愈发严重。

随着经济全球化进程的加速，区域经济展现出了一系列新兴的发展态势。经济全球化这一概念本质上刻画了区域经济体之间日益增强的相互依存关系，以及经济活动跨越传统界限、实现功能一体化的广泛趋势。它标志着经济活动地理边界的持续拓宽与国际经济互动的深刻加强。在此背景下，全球化的核心表现尤为显著：贸易活动以前所未有的规模扩张，资本流动特别是直接投资成为全球经济互动的强劲动力，新技术革命的浪潮席卷全球，推动产业升级与转型，同时区域一体化进程加速，促进了区域内资源的优化配置与协同发展。面对区域经济发展的新趋势，区域经济学作为研究这一领域的专门学科，正积极吸纳主流经济学的最新理论成果与研究方法，以实现自身的理论创新与实践指导能力的提升。这一融合不仅增强了区域经济学的解释力与预

见性，也为其在全球化背景下更好地服务于区域经济的可持续发展提供了坚实支撑。区域经济学的未来进展也呈现出新的方向，即其关注点和研究内容正变得综合化和多元化，进一步聚焦于"问题区域"、区域创新及区域竞争优势等方面。

首先，在科技飞速进步的当下，各行业的技术含量不断攀升，高新技术产业在国民经济中所占的比重日益增大。与此同时，高新技术产业在特定区域集聚，催生出创新空间，这些空间已然成为驱动地区整体经济发展的关键要素。创新空间不仅有力推动了新产品的研发，还将创新成果与技术向周边地区传播，产生了扩散效应，为区域经济发展注入了强劲动力。基于此背景，区域创新已成为区域经济学领域新兴的研究热点。相关研究视角已深入创新机制的构建、创新主体的培育、创新体系的搭建、创新能力的提升及创新环境的优化等核心议题。与此同时，区域竞争优势的探讨也并行不悖地成为区域经济学探索的新疆域，与区域创新研究交相辉映。在传统区域经济学框架内，区域优势的研究重心主要聚焦于比较优势理论。该理论倡导各地区应依据其固有的资源禀赋优势，专注于生产并出口具有相对优势的产品，同时从外部引入自身不具备优势的产品，以此实现区域间的专业化分工与互利共赢。因此，传统理论重视对区域资源条件的深入剖析，并以此为基点，制定差异化的发展战略，培育各具特色的区域经济体系，以期在全球化竞争中占据有利位置。然而，在当今区域经济发展的新图景中，科技进步与市场化进程的双重驱动，使竞争优势的塑造成为区域发展的核心议题。比较优势虽为基础，但已不足以支撑区域在激烈竞争中的脱颖而出。区域经济的繁荣愈发依赖技术创新的前沿突破、人力资源的深度开发、创新生态环境的精心培育及产业集群效应的充分发挥。这些要素共同构成了区域竞争优势的关键支柱，引领着区域经济向更高质量、更可持续的发展路径迈进。

其次，区域经济学的研究范畴将呈现极为显著的综合化与多元化走向，这一态势深刻映射出区域经济问题正变得愈发复杂且多样。随着区域经济环境持续演变，一系列新兴问题不断涌现，并迅速成为区域经济学研究的核心领域。例如，园区经济呈现迅猛的发展势头，城市化进程加快推进，人口在区域间的分布处于动态调整之中，人口与资源在地域上发生流动，区域竞争力的构建涵盖多个维度，企业与家庭在地理位置选择上追求理性决策等。在此背景下，区域经济学不仅持续关注空间资源的优化配置，还积极吸纳主流经济学的精髓，将其理念与方法深度融合于自身研究之中。同时，它广泛借鉴经济学、财政学、金融学、管理学等多学科的理论视角与分析工具，以更加全面、深入的方式解析和应对复杂的区域经济问题。这种跨学科的综合研究方法，不仅丰富了区域经济学的理论内涵，也增强了其解决实际问题的能力，为区域经济的可持续发展提供了有力的智力支持。区域经济学研究内容展现出综合化与多元化特征，主要源于以下两个层面。其一，区域经济学与众多其他学科深度交叉融合、彼此渗透，如与企业管理学、公共管理学、政治学及法学等学科相结合，以此从多学科交叉的独特视角，不断加深对区域经济问题的探究。其二，区域经济学与自然科学领域也在相互融合与渗透，如与地理学、地质学等自然科学理论紧密结合。

2.4.4 创新创业管理理论

创新创业作为现代社会发展的关键驱动力，在推动经济增长、促进社会进步及助力个人迈向成功等方面，均发挥着举足轻重的作用。其内涵涵盖创新与创业两大层面，与之相关的理论主要涉及创新理论、创业理论及创新创业指标研究。创新理论从多个角度对创新展开剖析，深入探究其内涵，进而揭示出创新的本质特征与重要意义。创新作为推动经济发展的重要力量，由熊彼特（Schumpeter）在《经济管理理论》（1912年第一版）中系统地提出了创新理论，定义其是对旧要素的重新组合，并且将发展视为创新，强调了生产技术和方法的创新对社会经济发展的意义（约瑟夫·熊彼特，1990）。在熊彼特提出的创新理论中，一是注重企业创新主体的作用，认为企业通常需要将知识、资源、能力、技术等要素进行组合才能实现创新，形成新的经济能力（邱新华，2020）。二是强调创新是一种市场行为，通过创新催生新的技术、产品和产业，面向实际应用，引领经济高质量发展，在一过程中主要包括基础研究与开发、中试、批量生产、应用研究等阶段。在未来产业的发展过程中，立足创新理论，关注前沿核心技术在培育速度及发展规模等方面，由于受到技术自身属性与所处水平阶段的显著制约，需要明确市场环境的不确定性，充分发挥企业在技术研究与创新、研发经费投入、科研成果转化等方面的主力军作用，培育以企业为创新主体的未来产业发展模式。例如，陈力田和刘海兵（2016）从不同方面分析了创新能力的概念，提出创新能力是企业间可持续竞争的优势来源，将其理解为企业通过寻找、识别和获取外界的新知识。王洪才等（2017）认为创新能力的本质是自身随外部环境变化进行调整的能力。刘志阳（2020）认为数字创新是将数字技术融入各个方面的创新。

创业理论研究了创业的内涵、特性和心理特征。法国经济学家最早提出创业的概念，并认为创业具有交易风险性。朱秀梅（2023）认为创业能力包括机会识别能力、分析能力、发现与匹配资源能力和领导能力。王飞绒等（2018）认为机会识别能力是创业者创业的核心能力。有学者认为创业是指创业型员工运用发现和使用机会的能力，促进新业务的创办与成长，进而帮助企业提高竞争优势。彭艳玲（2020）认为农户创业是指对传统农业进行应用新技术、推广新产品、开展新业务、建立新组织等。Toma等（2013）通过对相关文献的总结与梳理，明确指出创业与经济增长之间存在着紧密的关联。Acs（2004）借助内生增长模型开展研究，发现活跃的创业活动会伴随经济增长，进而创造出更多的就业机会。然而，也有部分学者持有不同观点，认为并非所有创业行为均能推动经济发展。Shane（2009）发现相较于创业成功的企业，创业失败的企业占比较高，这使创业对经济增长的推动作用颇为有限。Verheul（2008）研究发现，创业对劳动生产率、GDP增速及就业率等经济指标的影响，存在一定时间滞后性。

创新创业指标研究主要是在对创新和创业内涵理解的基础上进行的，不同的理解引发了不同的指标选择。创新指标研究主要从投入产出和内容两个视角进行。投入产出视角构建的创新指标体系包括投入、产出和环境三个方面。内容视角构建的创新指标体系包括制度、知识、技术、管理等方面的创新能力。创业指标研究在对创业内涵理解的基础上，形成了不同的指标构建方法。其中包括用中小企业数量代表创业状况的方法，通过全球创业观察的TEA指数提出CPEA指数的方法，以及从投入产出视角出发构建创业指标体系的方法。

创新创业对个人和社会发展具有重要意义。对于个人而言，创新创业是实现个人梦想和追求的重要途径。通过创新创业，个人可以发挥自己的才华和创造力，实现个人价值和成就。同时，创新创业也提供了丰富的机会和资源，帮助个人实现财务独立和事业成功。对于社会而言，创新创业是经济增长和社会进步的重要动力。创新推动着技术进步和产业升级，为经济增长提供了源源不断的动力（段世德和吕婕，2021）。创新创业也带来了新的就业机会和财富创造，促进了社会的稳定和繁荣。同时，创新创业也推动着社会的进步和变革，改变了人们的生活方式和价值观念。

创新创业者的人格特质，是指创业者在品格、思维及个性等内在层面所具备的稳定特性。这些人格特质在创新创业取得成功的过程中，发挥着极为关键的作用。以下为几种常见的创业者人格特质：其一，具备极强的自信与乐观精神。创业者通常拥有超乎常人的自信，秉持乐观态度。他们对自身能力深信不疑，对创业项目的成功满怀信心，因而能够从容应对各类艰难险阻与严峻挑战。其二，拥有卓越的决策能力。由于创业过程中常常需要做出重大决策，所以创业者具备较高的决策能力至关重要。他们能够迅速且精准地剖析问题，并据此做出正确抉择。其三，创新能力突出。创业者需要持续挖掘机会，创造全新的产品与服务，并成功推向市场。他们具备创造性思维，能够提出别具一格的想法及新颖独特的解决方案。其四，坚韧不拔且毅力非凡。创业途中往往荆棘丛生，挫折不断，这就要求创业者具备坚韧不拔的毅力。他们能够持之以恒地努力，战胜重重困难，为达成目标而拼搏不息。其五，善于与人合作。创业者必须与合作伙伴、员工及投资者构建起高效的沟通桥梁与良好的合作关系，这就需要他们具备出色的人际交往技能与团队协作能力。其六，市场洞察力敏锐。创业者需要精准洞察市场动态及客户需求，进而推出契合市场需求、具有价值的产品与服务。

创业者人格特质虽然对于创新创业的成功具有重要作用，但并不意味着所有创业者都必须具备完全相同的人格特质。每个人都有自己的个性和特点，不同的人在不同的环境和情境下可能具备不同的优势和弱点。因此，创业者人格特质并不是判断一个人是否适合创业的唯一标准，还需要考虑其他因素，如技能、知识、经验等。此外，创业者的人格特质也可以通过培训和发展进行提升和改进，因此并不是一成不变的特征。最重要的是，成功的创业需要综合考虑多个因素，而不仅仅是创业者的人格特质。

第 3 章
广西未来产业创新发展基础与形势

3.1 广西未来产业创新发展基本情况

3.1.1 产业结构不断优化,壮大产业规模

广西紧跟时代步伐,加速推进新旧发展动力的转换进程,致力于将科技创新这一核心驱动力,转化为推动经济高质量发展的最强劲新增动力。在这一过程中,广西不断引领产业升级,向高端化、智能化、绿色化的方向加速前行。随之而来的是一系列新兴模式、业态的蓬勃兴起,以及经济领域的显著变化,共同绘制出一幅经济繁荣发

展的新画卷，成为广西经济发展的鲜明亮点和强劲动力源。数据显示，2023年广西全区生产总值27202.39亿元，同比增长4.1%，显示出相对稳定的经济增长态势。这表明广西的经济发展依然保持着一定的增长势头，为未来的发展奠定了基础。在广西的经济中，南宁、柳州和桂林是三个重要的支柱城市，分别排名前三位。其中，南宁作为广西的首府和经济中心，经济总量最大，而柳州和桂林则凭借其发达的工业和旅游业成为另外两个重要的增长点。这些城市的稳健发展对于广西整体经济发展起着至关重要的作用。百色以高增速跻身前列，在各地市的GDP增长率方面，百色以6%的增速排名第一，显示出高增长率的特点。这可能得益于特定的产业政策或经济项目的支持，为其他地市提供了借鉴和学习的对象。因此，在各地市的产业结构中，不同地区各有侧重。南宁、桂林和玉林在第一产业增加值上表现突出，而柳州、南宁和百色在第二产业增加值方面表现较好，南宁、柳州和桂林则在第三产业增加值上表现活跃。这些数据显示出广西的产业结构在不断优化和调整中，为未来经济发展提供了新的机遇和挑战。

广西立足桂中、桂北沿西江地区，面向珠江三角洲，背靠西南腹地，交通运输便利，工业基础较好的优势，进一步整合资源、集聚优势，加快形成西江经济带；积极推进西江黄金水道的开发工作，通过提升航行能力，构建一个集铁路、公路和水路于一体的综合运输网络。这一网络将实现不同运输方式的无缝对接和优势互补，有效减少物流成本，从而为产业的扩展、升级和集聚提供坚实的支持。以区域内重点城市为节点，以产业园区为载体，完善空间布局，形成分工明确、优势明显、协作配套的产业带。柳州需要着力于产业结构的优化调整，致力于提升汽车、机械、冶金、化工等产业的整体实力和竞争力，以加速建设成为先进的制造业中心。桂林应充分利用其旅游资源的优势，努力打造成为一个国际知名的旅游目的地，同时，积极引领机械、汽车零部件、橡胶制品、医药制造及特色农林产品深加工等多个行业的转型升级，旨在进一步激发国家高新技术产业开发区的活力与潜力。来宾市应聚焦于提升甘蔗的综合加工利用效能，深化铝、锰等金属材料的深加工产业链，并积极探索和培育新兴的资源加工型产业。而对于梧州、玉林、贵港、贺州等地区，则需加强与珠江三角洲区域的市场一体化进程，持续优化投资环境，提升基础设施建设及配套设施的服务能力，以更好地融入并服务于区域经济协同发展大局，主动吸引东部地区的产业转移，从而扩大产业规模并提升整体发展水平。同时，应立即着手制定西江经济带的发展规划。

与此同时，广西积极举办活动，不断优化产业结构，壮大产业规模。2023年7

月29日至31日，2023中国产业转移发展对接活动（广西）在南宁举办，围绕新能源汽车与机械装备、高技术船舶及海工装备、石化化工、高端金属新材料、新型生态铝、电子信息、光伏、轨道交通等广西特色优势产业，开展地市推介、行业解读、供需对接、项目签约等活动，现场签约项目356个，协议总金额3225亿元。在新能源汽车与机械装备专题对接活动上，来自湖北的为华天成科技有限公司和南宁市高新区签约，计划建设新能源矿山机械用车生产基地。该公司董事长董常舟表示，广西的新能源汽车产业已形成了良好的产业基础，产业链完善、核心零部件配套能力正不断增强，加上广西区位优势突出、多项重大国家战略机遇叠加，国家大力支持广西建设中国—东盟产业合作园区，这些都是企业选择在南宁落地的原因。在轨道交通产业专题对接活动上，南宁市提出的"到2025年，全市轨道交通及其延伸产业营收超200亿元"，吸引了众多投资意向，现场达成20个项目签约。南宁轨道交通集团希望通过此次活动，与各方在轨道交通装备制造、智慧交通及数字产业等方面密切合作，互惠互利，共同发展。

产业转移的强劲动力正深刻重塑广西的产业格局，显著加速了新兴产业的蓬勃崛起，为区域经济发展注入了强劲的新动能。战略性新兴产业增加值占规模以上工业增加值的比重稳步增长，从2020年的16%提升至2023年的20%，同时，这些新兴产业对广西工业增长的贡献率显著提升，已超过30%，成为推动广西工业转型升级和高质量发展的关键力量。新能源材料作为新能源汽车产业的基石，广西在锂、钴、镍等关键原材料的开发利用上加大投入，吸引了众多国内外知名企业落户，形成了集开采、提炼、加工于一体的产业集群。同时，新能源汽车"三电"系统作为核心技术，广西也通过引进先进技术、加强自主研发，实现了关键零部件的本地化生产，降低了成本，提高了供应链的稳定性和安全性。目前，广西已基本建成"新能源材料—新能源汽车三电及核心零部件—整车—汽车后市场"全产业链。

同时，产业转移也推动传统产业焕发生机。广西的铜箔、铝箔、化工新材料等新产品实现量产，不锈钢、电解铜产量跃居全国前三位，此外，广西的工程机械与电子信息产业也迎来了新的发展机遇。通过加强本地关键零部件的配套能力，这些产业不仅提升了自身的竞争力，还带动了上下游产业链的协同发展。工程机械的智能化、绿色化转型，以及电子信息产业的技术创新与产业升级，都为广西的工业发展注入了新的活力与动力。特色产业蓬勃发展，食用油、家居板材、茧丝绸等轻工产品产量位居全国前列，同时，冰箱、空调等家电产品的"广西制造"新突破，更是标志着广西在家电产业领域迈出了坚实的步伐，为实现家电产业的自主化与品牌化奠定了坚实基础。

3.1.2 新兴企业数量增加，激发创新活力

企业创新水平持续提升。在传统工业领域，广西的冶金、有色金属、汽车、机械制造、电子等行业，依托长期积累的技术底蕴和市场经验，正逐步实现从规模扩张向质量效益提升转变。通过引入先进制造技术、智能化升级和绿色化生产，这些传统产业焕发出新的生机与活力，不仅提升了生产效率，还显著增强了产品的市场竞争力，部分企业的产品及服务已经跻身国内乃至国际先进行列。与此同时，广西的现代农业也呈现出蓬勃发展的态势。蔗糖、果蔬、家畜、渔业等特色产业依托科技创新和产业链延伸，实现了从生产到加工、销售的全链条升级。广西通过推广现代农业技术、建立标准化生产基地、发展农产品深加工，不仅提高了农产品的附加值，还培育出了一批具有地方特色的农产品品牌，为农民增收和乡村振兴注入了强劲动力。在创新创业方面，广西积极营造良好的创新生态，鼓励和支持中小企业和初创企业成长。南宁·中关村作为南宁市乃至广西的创新高地，经过七年多的精心培育，已经汇聚了超过1200家创新主体，涵盖高新技术企业、科技型中小企业、上市挂牌企业及"专精特新"和"广西瞪羚"企业等多个层次。这些企业凭借自身的核心创新力和市场竞争力，在各自的领域内取得了显著成就，为广西的经济发展注入了新的活力。此外，广西还紧跟全球产业发展趋势，积极布局新兴产业。近三年来，广西新增了新材料、新能源汽车、新能源电池、新能源四个 500 亿级以上的新产业，形成了新的经济增长点。特别是在动力电池正负极材料、锰基新材料等领域，广西凭借其独特的资源优势和产业基础，已成为全国乃至全球的重要生产基地。同时，广西还建成了国内重要的新能源汽车制造基地，为新能源汽车产业的快速发展提供了有力支撑。

自 2021 年广西全面启动并实施"工业振兴三年行动"以来，广西的工业发展面貌焕然一新，展现出了前所未有的活力与潜力。在三年行动期间，广西工业经济实现了跨越式发展，成功培育了 3 个产值超过 3000 亿元的产业及另外 3 个产值突破 2000 亿元的产业。与此同时，广西的战略性新兴产业在此期间取得了长足进步，成为推动工业增长的重要引擎。到 2023 年，这些新兴产业在规模以上工业增加值中的占比已经达到了 20%，与 2020 年相比，这一比例提升了 4 个百分点，对工业增长的贡献率也保持在年均 35% 以上的高水平，成为拉动广西工业经济增长的关键力量，3 年来吸

纳城镇新增就业超过35万人。

3.1.3 创新平台规模壮大，支撑创新能力

根据相关报道，2023年，广西高新技术企业数量翻了3.3倍，国家级创新平台增至122家，每万人发明专利拥有量也从2件增长到5.12件。南宁高新区、柳州高新区及南宁横州市均成功获批国家级双创示范基地。2023年，广西新能源汽车销量达20.2万辆，同比增速为10.2%（见图3-1）。全区软件和信息技术服务主营业务收入增长72.5%。广西战略性新兴产业发展总体平稳，为推动经济高质量发展奠定了坚实的基础（《广西战略性新兴产业发展"十四五"规划》，2021）。

图3-1 2019—2023年广西新能源汽车产销量情况

资料来源：公开资料整理。

广西的工业互联网平台体系持续扩大，目前已广泛覆盖39个主要工业门类。目前已成功构建起一个横跨园区、行业、企业，实现横向互联与纵向贯通的工业互联网生态系统。进入2022年，为加速数字化转型步伐并深化数字广西建设，广西发布了《关于加速数字化转型发展 深化数字广西建设的实施意见》。该意见遵循"一核引领、双轮驱动、一底支撑、四向驱动"的总体战略框架，全力推进数字广西的建设进程，并取得了数字经济高质量发展的显著新成果。随着该意见的发布，广西电子信息制造业、软件和信息技术服务业等数字经济核心产业取得了较快的发展，对经济的拉动作用不断凸显。截至2023年6月，广西已建成智能工厂242个、数字化车间137个，

形成了"5G+钢铁""5G+铝业""5G+港口"等一批特色产业应用，打造了 188 个工业互联网及智能制造示范应用场景（刘立清，2023）。创新平台规模的不断壮大，促进了产业生态的形成，提升了产业链整体数字化水平，引领甚至倒逼链上企业开展数字化转型。

3.1.4 开放合作力度加大，提升创新水平

习近平总书记视察广西时强调："广西要持续扩大对内对外开放"。广西壮族自治区党委十二届七次全会深入学习贯彻落实习近平总书记对广西重大方略要求，提出要在持续扩大对内对外开放上奋发有为，致力于推动北部湾经济区与珠江—西江经济带的全面开放与开发，旨在将这一区域打造成为粤港澳大湾区的重要战略支撑点。同时，积极建设沿边临港产业园区及中国—东盟产业合作区，以营造一个集市场化、法治化、国际化于一体的一流营商环境。在此基础上，不断深化与东盟国家在各领域的合作，加速构建国内国际双循环市场的便捷经营环境。全区经济工作会议也强调，全力推进对内对外开放的持续扩大，全面融入国内大循环体系，深化与东盟的务实合作，高水平共建西部陆海新通道，大力发展海洋经济，积极塑造国内国际双循环市场经营便利地。

按照习近平总书记指引的方向，广西深化内外联动，拓宽开放格局，积极融入国家发展战略大局，书写着广西对外开放与现代化建设的新篇章。一方面，广西充分发挥其独特的地理优势，积极与沿海发达地区的产业新布局对接，有序推进国内外产业梯度转移的承接工作，致力于打造一个便于国内和国际市场经营的双循环市场，以促进资源要素的高效配置和市场的深度融合。另一方面，广西正全力以赴与国内其他省份共同建设西部陆海新通道，将其作为深化开放合作、推动区域经济发展的重要举措。通过加强基础设施建设、提高物流运输效率、扩展服务网络等措施，不断完善陆海联通、内外畅通的交通物流体系，为西部地区乃至全国的货物进出口提供了一个更加便捷、高效的通道服务。在加强与东盟国家的合作方面，广西利用中国—东盟博览会、中国—东盟商务与投资峰会等重要平台，持续深化与东盟国家在贸易、劳务、产业、科技、教育等领域的实际合作。在追求海洋强区和开放发展的过程中，广西始终坚守新发展理念，推动高质量发展的实现。

2023 年 10 月，国家发展和改革委员会组织相关部委和广东等省份，在广西召开推进沿边临港产业园区建设工作会议，助力粤桂务实推进园区有序承接产业转移。同

月，第十六届西江经济带合作与发展论坛在梧州召开，粤桂16市签署《共赋开放合作新动能，齐推珠西流域新发展，全面深化珠江—西江经济带城市协同发展合作倡议》，共同探讨推动新时代珠江—西江经济带高质量发展新路径。

根据数据统计，2023年，广西与粤港澳大湾区的产业协作和合作更加深入，广西面向粤港澳大湾区招商引资到位资金占全区招商引资到位资金的36.9%；粤桂合作特别试验区1—11月签约项目36个，总投资额273.5亿元。2024年广西进一步发挥领导机构作用，持续推动粤桂东西部协作走深走实，加强与粤港澳大湾区产业转移合作，强化重大基础设施同步规划建设，加强与国家发展战略对接，加强科技创新合作，强化生态联防联治，努力把广西打造成为粤港澳大湾区的重要战略腹地。

作为广西打造服务国内国际双循环市场经营便利地的核心区，2023年，中国（广西）自由贸易试验区坚持"沿边+临港"双叠加，更宽领域建设开放平台；坚持"口岸+产业"双融合，更高质量促进外向型经济发展。据统计，2024年第一季度，广西自贸试验区进出口总额1662.9亿元，同比增长10.3%，高于全国5.3个百分点，其中，进出口额排西部地区第2位，占全区的41.2%。2024年1—6月，钦州港港口货物吞吐量完成1.01亿吨，同比增长10.9%，其中西部陆海新通道海铁联运班列开行5536列，同比增长22.7%。2024年，广西自贸试验区积极打造'1+N+X'政策体系（'1'即出台促进广西自贸试验区高质量发展行动计划；'N'即配合商务部编制好自贸试验区更好支持沿边地区开放发展政策措施；'X'即联动有关部门出台相关方案），促进自贸试验区与沿边临港产业园区联动发展，推动与东盟规则、规制、管理、标准、商事、仲裁等制度型开放，高标准建设南宁、钦州、崇左、北海、防城港5个协同发展区。

2023年12月12日，一列满载着来自东盟国家的货物的海铁联运专列从钦州铁路集装箱中心站顺利启程，这一里程碑事件标志着西部陆海新通道班列的运营数量已突破9000列大关（广西壮族自治区党委区直机关工委，2023）。截至2023年12月，西部陆海新通道的物流网络已广泛覆盖中国境内的18个省（区、市）、70座城市及144个站点，与2022年相比，2023年的服务站点数量实现了31个的显著增长。作为西部陆海新通道中陆海交会的关键枢纽，北部湾国际门户港已构建起包含76条内外贸集装箱航线的庞大网络，其影响力辐射至全球超过100个国家和地区，连接着200多个港口，年集装箱吞吐量更是成功跨越了800万标箱的大关。依托这条无缝对接"丝绸之路经济带"与"21世纪海上丝绸之路"的国际物流大动脉，东盟国家的丰富农产品正以前所未有的规模涌入中国市场，同时，中国的新能源、新材料等高科技产品也借助这一通道，顺畅地进入东盟国家市场，实现了双向贸易的繁荣与共赢。

3.2 广西未来产业创新发展主要成就

3.2.1 科技创新能力得到提升

广西攻关关键核心技术取得了重大突破，不仅体现在单个技术点的突破上，更体现在整个产业链的升级和优化上。极具核心创新能力的科技型企业队伍不断壮大，成为推动科技创新和产业发展的重要力量。在铝合金、柴油发动机等领域拥有领先国际水准的创新成果，以智能、新能源等为主的新兴产品不断增加，满足了市场对于高品质、高性能产品的需求，同时推动了传统产业的转型升级。此外，广西基础较好的汽车、有色金属、机械制造等传统工业都得到了良好的发展，实现了转型升级。依托南宁、桂林、柳州、北海4个国家级高新区，广西高新技术制造业的投资逐年增长。这些高新区作为科技创新的重要载体，为广西的经济发展注入了新的活力，使广西的整体创新能力得到提升。

3.2.2 产业发展生态持续完善

广西独特的地理优势、丰富的资源及配套的政策，为凝聚创新要素、提升自主创新能力、实现科技成果高效转化带来了巨大的优势。在地理优势方面，充分利用面向东盟的国际大通道，利用粤港澳大湾区、长江经济带等地区的科技创新中心，加强与东盟国家开展科技创新合作，在特色产业领域上集聚资金、技术、人才及数据等创新资源，构建科技创新生态高地，强化产业链联系，增强产业链黏性，实现产业链区域化、短链化目标，提高产业转移承接能力，更好地推动广西未来产业发展。在资源优势方面，广西拥有丰富的水资源、矿产资源和生物资源等，发展生物技术产业和金融新材料产业的潜力巨大，通过增强生物医药、新能源汽车等广西优势产业的核心竞争力，深度融合产业链和创新链，从而可以实现广西未来产业高质量发展目标。在政策优势方面，广西陆续出台未来产业重点领域转型升级方案等系列指导政策，在国家相关战略规划中，也多次提及广西的重要作用。广西具备国家未来产业战略全覆盖的优势，得以强化顶层设计与统筹协调。与此同时，广西还享有西部大开发、沿海开放、边境贸易等诸多政策扶持，各类扶持政策相互叠加，"政策洼地"效应显著。这些政策优势均为建设创新型广西提供了保障。

3.2.3 传统产业转型取得突破

传统产业转型升级，产业规模不断扩大。2023年，广西传统产业转型升级不断取得新突破，成品糖、装载机等10多种产品产量稳居全国前十，高端不锈钢、铝箔、铜箔等产品更新迭代；全区已有3000家规模以上企业实施"智改数转"等技术改造。工业和信息化部的评估报告显示，2023年广西制造业数字化转型指数为91.3分、排全国第14位，是全国提升最快的5个省（自治区、直辖市）之一。2024年广西加快推动糖、铝、有色、钢铁、石化化工等传统产业改造升级，坚定不移推动传统产业向高端化、智能化、绿色化发展，重塑竞争优势、奠定发展胜势。广西将提档升级糖、铝、稀土等资源优势产业，加快提升糖料蔗经营规模化、生产机械化、水利现代化、种植良种化水平，实施铝产业两轮"倍增计划"，加力打造万亿林业产业，建设原料保障可靠、精深加工突出、优势产品丰富、具有全国影响力的产业链（刘宁，2023）。

转型发展机械、汽车等传统产业，实施新一轮"千企技改"，深入实施智能制造工程，打造100个数字化转型典型场景，争创国家级试点示范项目60个。广西已经形成了10个千亿元的汽车、电子信息等工业产业集群，6个规模千亿元的蔬菜等特色农业产业集群。同时，以新技术为代表的新产业加速发展，服务产业的增加值占广西生产总值的比例超过50%，不仅提高了广西的经济效益，也为社会提供了更多的就业机会，促进了社会的和谐稳定。在新技术的推动下，海洋产业的生产总值年平均增长超过10%，在夯实产业基础的同时，也为今后未来产业的培育和发展奠定了良好基础。

3.2.4 新兴产业规模不断壮大

2023年12月14—15日，习近平总书记视察广西时指出，要立足资源禀赋和产业基础，聚焦优势产业，集中优势资源，打造若干体现广西特色和优势、具有较大规模和较强带动力的支柱产业。战略性新兴产业作为推动产业转型升级和实现绿色发展的关键力量，其高端产品的供应能力已经显著增强。通过培育一系列具有竞争优势的特色新兴产品，战略性新兴产业对经济发展的贡献率将进一步提升。根据统计数据，2023年，广西不断突破"卡脖子"难题，克服产业发展短板，产业核心竞争力持续增

第3章 广西未来产业创新发展基础与形势

强。为打好关键核心技术攻坚战，广西在工程机械、动力装备、新能源汽车、高端铝合金新材料、绿色化工新材料等领域组织实施科技"尖锋"行动，进一步提升自主创新能力。截至2023年11月，七大"尖锋"领域已组织实施重大项目170项，科技创新与产业发展之"手"越握越紧。自2021年起，广西坚定不移地贯彻"工业强桂"战略，以前瞻性的视野和前所未有的决心，全力推动工业领域的蓬勃发展，并取得了显著成效，为广西在新时代的宏伟蓝图中奠定了坚实的经济基础。步入2023年，广西规模以上工业增加值的增长速度达到了6.6%，较2022年同期加快了2.4个百分点，这一增速不仅高于全国平均水平2个百分点，也领先西部地区0.5个百分点，彰显了强劲的发展势头。在全国的排名中，广西工业增速从2022年的第19位跃升至2023年的第10位，实现了连续三年排名的稳步上升，充分展示了广西工业振兴战略的成功实施与显著成效（《2023年广西壮族自治区国民经济和社会发展统计公报》，2024）。

同时，工业在推动新兴产业规模扩张方面发挥愈发关键的作用。2023年，广西全部工业增加值6918.32亿元，比上年增长5.7%（见图3-2），广西工业对GDP增长的贡献率达33.4%以上；工业税收完成919.4亿元，同比增长23%，占广西税收的比重达39.8%，比上年提高1.6个百分点；1—11月，工业利润完成643.9亿元，同比增长14.9%，比全国和西部地区分别高19.3个和28.4个百分点。此外，工业投资支撑广西固定投资增长，产业结构加快优化升级。工业投资完成3400多亿元，占广西固定

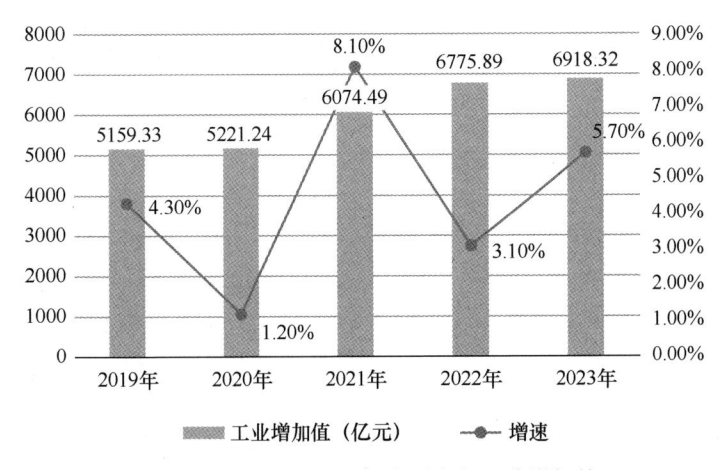

图3-2 2019—2023年广西全部工业增加值

资料来源：广西壮族自治区统计局。

资产投资的比重提高至 38.7%，成为广西优化投资结构、扩大有效投资的主要力量。传统产业的延链补链加速推进，广西电解铜、不锈钢、成品糖、装载机等 10 多种产品产量稳居全国前十。战略性新兴产业产值占工业产值的比重提升至 20%，对工业增长的贡献率年均达 35% 以上。

3.3 广西未来产业创新发展存在的问题

3.3.1 新兴企业地位不突出

当前，广西正处于转型升级的关键阶段，这一阶段的发展将决定广西未来的经济走向和产业格局。在这个过程中，企业作为科技创新和经济发展深度融合的核心主体，其作用不可或缺。创新是企业生存和发展的关键所在，它构成了未来产业发展的基础动力。唯有具备强大的自主创新能力，企业才能在竞争日益激烈的市场中稳固其地位，并为未来产业的持续发展注入持续的动力。虽然广西在布局和发展未来产业过程中取得了一定的成绩，但企业创新主体地位还不够突出，创新资源和技术创新源头不足，在工业园区的部分企业仍然以劳动密集型和中、低端技术为主要特征。这说明广西的产业结构还比较单一，高端产业和新兴产业的发展还有待加强。科技型中小企业、高新技术企业和瞪羚企业的数量相对偏少。2023 年广西数字经济评估总体水平得分为 67.42（见图 3-3）。数字经济规模反映的是数字经济增长的直接指标，2023 年，广西人均数字经济规模低于全国平均水平，表明广西当前数字经济总体规模仍较小［《广西数字经济发展评估报告（2024 年）》，2024］。此外，广西数字经济发展生态得分 65.83，

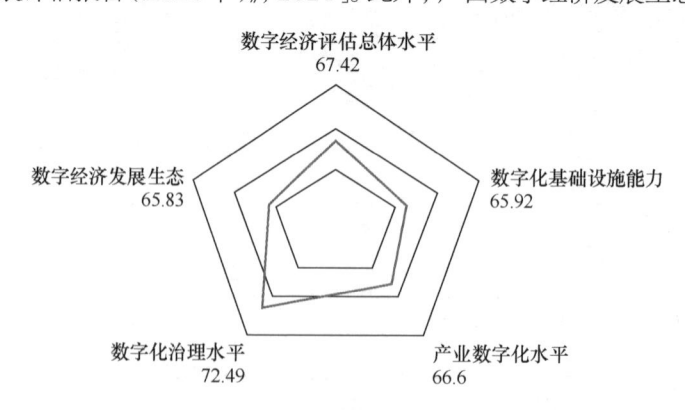

数字经济评估总体水平
67.42

数字经济发展生态
65.83

数字化基础设施能力
65.92

数字化治理水平
72.49

产业数字化水平
66.6

图 3-3 2023 年广西数字经济发展一级指标得分

资料来源：广西壮族自治区大数据研究院。

在整个二级指标中评分最低,表明当前广西在数字化转型的进程中存在供给侧、产业链中的渗透不平衡、不充分的问题,企业在进行数字化转型的过程中面临"转不来""转不起""转不动"的问题。

3.3.2 龙头企业数量少

行业领军企业在技术创新决策、研发经费投入、科研组织及推动产业链上中下游和大中小企业协同创新等方面扮演着关键角色。鼓励行业领军企业牵头构建创新联合体,通过有效整合并汇聚各类创新资源,携手高校、科研机构及产业链上下游伙伴,共同参与并承担国家和自治区层面的重大科技项目,聚焦于关键核心技术的研发与协同突破,此举对广西未来产业的转型升级与高质量发展具有不可估量的战略意义。近年来,数字经济作为一股新兴力量,正深刻驱动着我国经济社会的发展,成为经济增长的新引擎。据统计,2022年我国数字经济规模已突破50.2万亿元大关,稳居全球第二位,其对GDP的贡献率更是攀升至41.5%,彰显了数字经济在我国经济体系中的重要地位。聚焦广西,数字经济同样展现出蓬勃的发展态势。自2017年以来,广西数字经济规模持续扩大,年均增长率保持在12%以上,增速位居全国前列,展现出强劲的发展动力。到2022年,广西数字经济规模已超过9300亿元,占全区经济总量的比例达到35.5%,成为推动经济增长的重要力量。从投资与项目落地的角度来看,2022年广西在数字经济产业链上的招商引资成效显著,到位资金接近140亿元,吸引并促成了一批重点数字经济项目的成功落地,为数字经济的进一步发展注入了强劲动力。然而,也需正视广西数字经济面临的挑战,如基础设施建设相对薄弱、总体规模有待提升、数字经济企业数量较少与规模偏小,以及缺乏具有强大带动作用的龙头企业等问题,这些问题需要在未来的发展中予以重点关注与解决。

3.3.3 创新资源集聚能力弱

从人才能力方面看,截至2022年10月底,广西数字经济企业人才网上招聘岗位数累计约为6000个,全国平均水平为2.7万个,广西远低于全国平均水平,仅为全国平均水平的约22%。广西数字经济企业招聘平均薪酬约为8700元,同期全国平均水平为1.03万元(陈智霖和杨鹏,2023),这表明广西数字经济人才薪酬水平较低,吸引人才能力较弱。广西数字经济企业存续数量为1.51万家,低于全国平均水平(3.2万家),广西数字经济企业市场主体相对薄弱,导致整体市场规模有限,难以形成有效的市场集聚效应，资本市场对数字经济领域的投资热情不高，导致广西数字经济企业在融资渠道和资金支持方面面临困难，限制了企业的发展和扩张，制造业"造血"机能不强，对广西数字经济发展的推动力较弱。

3.3.4 成果产业化效率较低

广西成果产业化效率较低主要体现在数字基础设施建设滞后和科技创新研发经费投入少。广西每平方千米移动电话基站数 1.7 个，高于全国平均水平。然而，与部分欠发达省份相比，广西存在差距，如低于陕西（1.8 个）和江西（1.9 个）。而与发达省份相比，差距则更为显著，如低于北京（18.8 个）、江苏（6.9 个）、浙江（6.6 个）、广东（5.5 个）；截至 2023 年，广西每万人 5G 基站数量为 21.1 个，低于全国每万人 5G 基站数 23.9 个，表明广西数字化基础设施水平仍有较大的提升空间（见图 3-4）。广西 2022 年电信固定投资水平较低，仅为 217.3 元/人，低于全国平均水平（352.6 元/人），导致广西的数字化基础能力水平与其他省份相比有一定差距。数字经济的发展需要依靠技术创新和科研投入，科研投入是数字经济发展的重要支撑，能够提高数字经济的技术水平，促进数字经济与实体经济的融合，推动数字经济的创新和技术升级。但广西科研投入相对不足，国家统计局数据显示：2022 年，我国研发经费投入达 30782.9 亿元，占 GDP 比重为 2.55%；广西全社会研发投入仅为 217.9 亿元，占 GDP 比重为 0.83%（见图 3-5）。研发投入不足，导致广西技术创新的步伐放缓，难

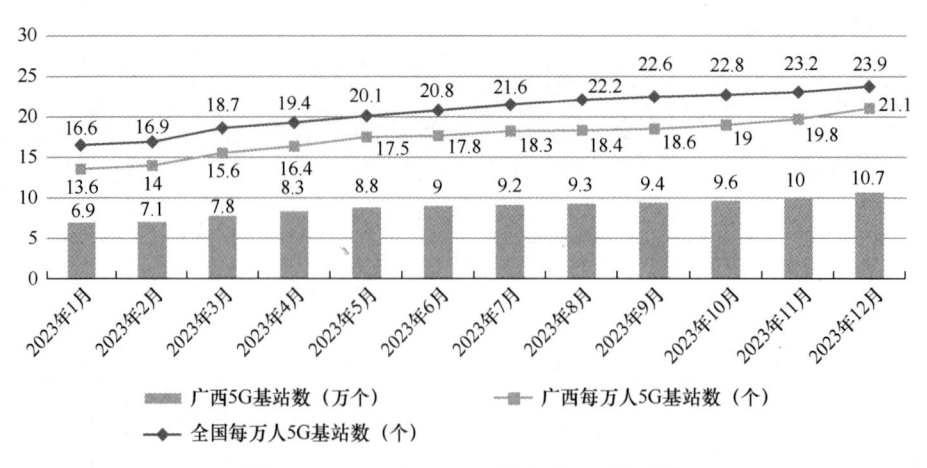

图 3-4 2023 年 1—12 月广西 5G 基站数

资料来源：广西壮族自治区通信管理局。

以产生具有突破性的新技术和新产品，现有产业难以进行有效的技术升级，无法及时适应市场变化和消费者需求，从而影响整个数字经济的健康发展。

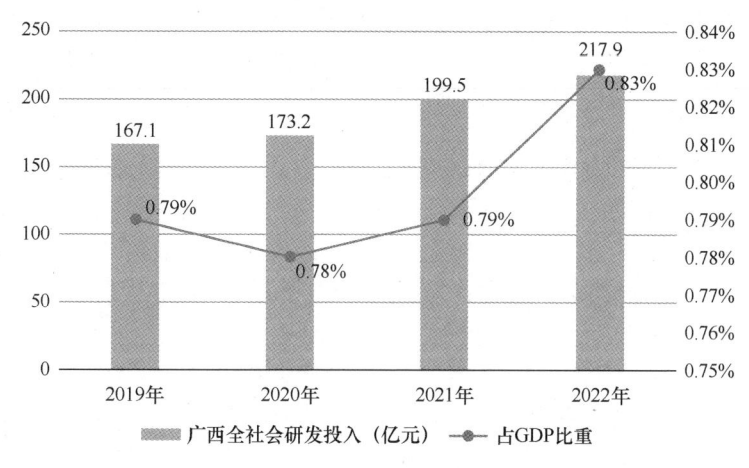

图 3-5　2019—2022 年广西全社会研发投入

资料来源：公开数据整理。

3.4　广西未来产业创新发展重要机遇

3.4.1　创新趋势倒逼广西科学应变、主动求变、加快未来产业布局

经过四十年的改革开放，中国已经崛起并稳固其作为世界第二大经济体的地位。随着互联网和人工智能技术的迅猛发展，中国在全渠道零售、社交媒体、即时服务、出行、金融科技、健康科技等多个领域催生了众多前沿创新。实践证明，创新与颠覆性技术是推动经济高速增长的新引擎。因此，创新已成为地区间健康竞争的核心要素。近年来，广西在创新趋势的引领下，在政策制定方面不断凸显科技创新和未来产业发展的核心地位，在人才引进方面适当向创新型人才倾斜，不断推动创新支撑产业高质量发展。

"十四五"规划中，国家明确强调创新在现代化建设全局中的核心地位，将科技自立自强作为国家发展的战略支撑。目前，我国聚焦人工智能、云计算和大数据等新一代数字技术的发展，通过技术创新催生出许多新的数字经济产业活动，推动产业升级，国家科技创新能力稳步提升。当前，多重国家战略重叠，在此趋势下，广西将创新作为经济高质量发展的新引擎，根据"十四五"规划，围绕广西实际情况，陆续出台了

《广西壮族自治区国民经济和社会发展第十四个五年规划和 2035 年远景目标纲要》《广西战略性新兴产业发展"十四五"规划》《广西科技创新"十四五"规划》等政策和规划（蔡耀君等，2022）。与此同时，广西还颁布了未来产业发展的相关规划，重点聚焦和部署人工智能、氢能、通用航空和生命健康等产业。在以上规划中，广西主要围绕新兴产业创新平台、企业创新主体、科技人才和科技攻关四个方面进行主动、前瞻布局，充分发挥科技创新对广西的战略支撑作用，培育和增强发展新动能，加快建设创新型广西。

3.4.2 大变局时代及后发优势有助于广西借鉴经验实现弯道超车

广西作为中国面向东盟开放的前沿阵地和窗口，习近平总书记对其提出了加快构建"三大定位"这一新的使命，这为促进广西腾飞崛起提供了强劲动力。与此同时，从全国来看，广西的经济发展属于典型的后发省份，而回顾中国经济二十多年来的迅猛发展，我们会发现，推动中国发展的核心动力已经不再是比较优势，而是后发优势。广西应充分发挥其后发优势，积极借鉴、吸收国内其他地区在创新发展、产业升级、制度优化等方面的先进做法和成功经验。同时，更要注重结合自身的资源禀赋、产业基础和区位条件，探索出一条具有广西本土特色的发展道路。

当前，世界正经历百年未有之大变局，面对经济全球化趋势逆转的现状，以人工智能、大数据和云计算等数字技术为代表的新一轮科技革命和产业变革正在兴起，这在给世界经济发展带来风险的同时，也带来重大机遇（何青和杨海龙，2023）。目前，北京、上海、浙江和深圳等先进地区已率先布局未来产业，围绕当地创新资源禀赋和产业基础，已经探索出较为清晰、完整的未来产业发展路径。从全国来看，广西是拥有后发优势明显的地区，其可以在借鉴、吸收国内其他地区创新发展的做法、制度等基础之上，对创新成果加以调整，使其适配具有广西本土特色的产业布局。与此同时，广西是我国与东盟国家相邻的唯一省份，能够以其特有的地理位置优势和开放发展的优势，加强与东盟各国之间的交流合作，积极主动与粤港澳大湾区接轨，依托北部湾经济区，更大范围地汇聚创新资源，在未来产业发展过程中进行弯道超车，实现经济向好发展。

3.4.3 广西在人工智能、生命健康等领域有布局未来产业的资源禀赋

广西在人工智能领域已经有了较好的发展基础，在人工智能领域，广西从 2018

年开始就出台综合性政策和规划，明确提出要加快推动人工智能基础研究和相关产业的发展，就攻关人工智能核心技术、建设创新型基地和企业、人才引进与培育等方面进行布局，积极拓展人工智能在各类场景与领域的实际应用，促进传统产业的转型和升级。与此同时，广西各城市围绕自身资源禀赋优势，在人工智能新兴产业领域已经具有一定的产业基础。南宁市发挥首府作用，利用人才资源优势，推动智能机器人、智慧语音等产业的发展；柳州市围绕自身工业产业基础，重点实现汽车、机械及冶金等产业的智能化升级；桂林市立足高校主体数量多的优势，大力建设人工智能创新创业基地和人工智能产业园平台，重点发展智能终端等电子信息产业；北海市、钦州市和防城港市利用自身沿海城市的区位优势，积极探索基于人工智能的跨境贸易、智慧港口等产业。

在生命健康领域方面，一是广西积极部署生命健康产业发展，加大政策发力力度，出台了一系列关于大健康产业发展的综合性文件，围绕产业发展的重点方向、重点培育工程、示范基地等内容进行部署，并在项目落地、用地保障、税费减免及投融资服务等方面提出了许多优惠政策，为生命健康未来产业发展提供了强有力的政策体系环境。二是广西人工智能产业的发展为生命健康产业发展提供了重要支撑，通过加速新兴技术与生命科学、生物技术的深度融合，催生了诸如智慧医疗、基因检测及远程治疗等新业态。三是因独特的区位优势，广西具有丰富的药用动植物资源和海洋资源，拥有全国"生物资源基因库""天然药库""中药材之乡"等美誉，为广西生命健康产业发展奠定了基础。此外，广西拥有"长寿福地·壮美广西"的荣誉称号，长寿资源优势显著，这使广西在生命健康领域的产业具有发展潜力。

3.4.4 广西"十四五"规划已经提出超前布局未来产业的目标任务

2021年4月，广西发布了《广西壮族自治区国民经济和社会发展第十四个五年规划和2035年远景目标纲要》（以下简称广西"十四五"规划），指出要推动战略性新兴产业倍增发展和超前布局未来产业。同年9月，广西又印发了《广西战略性新兴产业发展"十四五"规划》，提出了"产业规模不断壮大、区域创新能力显著增强、企业创新水平持续提升、集聚发展格局初步形成"的发展目标。可以看出，广西已将发展未来产业摆在了战略发展的突出位置，同时，也为广西布局未来产业提供了政策和制度支持。根据广西壮族自治区人民政府对战略性新兴产业、未来产业发展规划的部署要求，提出在"建设新时代中国特色社会主义壮美广西"总目标和"四个新"总体要

求下,坚持"改革创新、集聚示范、开放合作、绿色发展"原则,着眼于推动传统产业转型升级,大力发展以现代海洋产业、人工智能、第三代半导体为重点的新兴产业和未来产业,实现壮大产业集聚规模、增强科技创新能力、提升企业创新水平和形成战略发展格局等发展目标。广西"十四五"规划作为指导广西经济社会健康发展的一种重要方式,通过对未来产业目标任务的阐述,为广西准确立足新发展阶段,牢牢把握未来产业发展主动权提供了新机遇。

3.5 广西未来产业创新发展面临的挑战

3.5.1 对广西创新能力提出新的挑战

广西是我国边境省区,在国际关系日趋复杂的时代背景下,其经济发展的不确定性、不稳定性也随之增加。同时,广西是一个多民族聚居的自治区,也是中国少数民族人口最多的省区。然而,其经济总量相对较小,产业结构不够优化,工业化、城镇化和信息化的进程也相对滞后于东中部地区及沿海发达地区。此外,广西还缺乏具有代表性的新兴产业,产业核心竞争力不足,导致其创新能力尚不能很好地满足高质量发展的迫切需求。首先,截至2023年,广西拥有科技型中小企业4790家,自2018年以来年均增长率达40%。高新技术企业突破4000家,瞪羚企业被认定62家,创新型企业数量偏少,企业创新主体地位不突出,科技成果转化效率、质量和数量均不高,企业自主创新能力不足以支撑广西未来产业发展。其次,广西拥有高校85所,仅有广西大学是"双一流"建设高校,2022年认定的自治区重点实验室只有18家,高水平科研和创新平台数量过少,且缺乏与企业、科研院所的合作关系,在共建联合实验室、研发机构这类科技基础设施上,投入力度不足。这导致广西在吸引与培养高水平创新型人才时,缺乏核心竞争力、科研成果转化率不高。现有的科研体系布局难以契合广西经济高质量发展对创新能力的迫切需求。最后,2022年,广西经济生产总值为2.63万亿元,第三产业增加值占比高达49.8%,工业经济规模偏小,工业化进程相对于东中部地区和沿海发达地区来说,存在滞后问题,产业结构亟待优化,并且具有代表性的新兴产业也相对匮乏,这就造成了广西自主创新能力未能很好地适应经济高质量发展的迫切需求。

3.5.2 对广西创新模式提出新的挑战

当前,广西在推动企业创新和大众创业、万众创新生态体系建设方面,面临着一些挑战。尽管广西拥有丰富的科教资源和巨大的市场潜力，但企业创新主体地位仍然不够突出，这在一定程度上制约了广西未来产业的发展。一方面，广西的大众创业、万众创新生态体系尚需进一步完善。尽管广西已经积极构建创业创新的政策框架，包括设立创业基金、孵化器、加速器等多元化服务平台，但生态体系的成熟度仍有待提升。具体而言，初创企业和创新项目往往面临资金短缺的困境，现有的融资渠道相对有限，且门槛较高，难以满足广大创业者的资金需求。同时，创新型人才是创业创新生态体系的核心要素。然而，广西在创业教育方面还存在短板，高校与社会的创业教育资源未能有效整合，缺乏针对创业不同阶段的专业化培训。加强校企合作，引入实战经验丰富的导师资源，对于提升创业者综合素质至关重要。此外，初创企业往往难以快速找到合适的市场定位，缺乏有效的市场推广渠道。政府应搭建更多产学研用合作平台，促进科技成果转化，同时加强市场信息服务，帮助创业者精准对接市场需求。另一方面，广西的高科技企业普遍存在核心竞争力欠缺的问题，并且在研发投入方面力度不足。广西在高科技领域的发展相对滞后，缺乏具有行业引领力的龙头企业，这直接影响了区域创新能力的提升。关键核心技术是高科技企业的生命线，但广西在核心技术研发方面存在明显短板，尤其是在高端装备制造、信息技术、生物医药等领域。加大研发投入，鼓励企业设立研发中心，加强与国内外顶尖科研机构合作，是破解这一难题的关键。除资金短缺外，企业缺乏足够的动力进行长期、高风险的研发投入。政府应进一步完善税收优惠、研发费用加计扣除等激励政策，并加强政策执行力度，确保政策红利真正惠及企业。此外，知识产权是企业创新成果的重要体现，但在广西，知识产权的保护意识和运用能力相对较弱。加强知识产权法律法规建设，提高侵权成本，同时建立高效的知识产权交易平台，促进知识产权的转化应用，是提升企业创新积极性和市场竞争力的有效手段。

3.5.3　对广西创新体系提出新的挑战

当前，广西处于转型升级、实现经济高质量发展阶段，虽然相继出台与战略性新兴产业和科技创新等相关的政策和规划，但关于未来产业的政策规划还未正式颁布和出台，尚未形成和营造成熟的市场环境。广西当前的创新体系存在一些挑战，如机制不够灵活、高水平创新平台严重缺乏等，这些问题限制了产业发展与科技创新之间的深度融合。此外，区域内创新发展的不均衡也导致弱者愈弱、强者愈强的态势，这使广西在科技创新方面面临着"不进则退、慢进亦退"的严峻考验。广西在知识

产权的保护和利用方面与邻近省份及国内发达地区仍存在一定差距,科技成果的转化率不高,应用场景还需进一步拓展,而且科技服务体系面临机制不够灵活、不完善的问题。

3.5.4　对广西创新人才提出新的挑战

目前,广西已构建起涵盖众多重大人才项目建设的体系,其中包括"广西壮族自治区特聘专家""广西杰出人才培养工程""八桂青年拔尖人才培养工程"和"广西壮族自治区八桂学者"等。同时,还制定了"自治区高水平创新创业团队培养计划"等政策,为培养广西的科技创新人才团队奠定了一定的基础。在此基础上,虽然在一定程度上可以吸引高层次人才,方便组建科技人才团队并进行科技创新,但由于虹吸效应及激励机制的不完善,高端创新人才面临数量少、留不住等问题,优秀青年科技人才数量不足,创新团队交叉融合较少,尚未形成多层次创新人才梯队。这些人才方面的问题,致使广西人才总量偏低,高端创新人才严重匮乏,这进一步导致科技创新成果向现实生产力转化的水平难以提升,成为广西未来产业发展中推动科技创新成果向新质生产力转化的重大挑战。

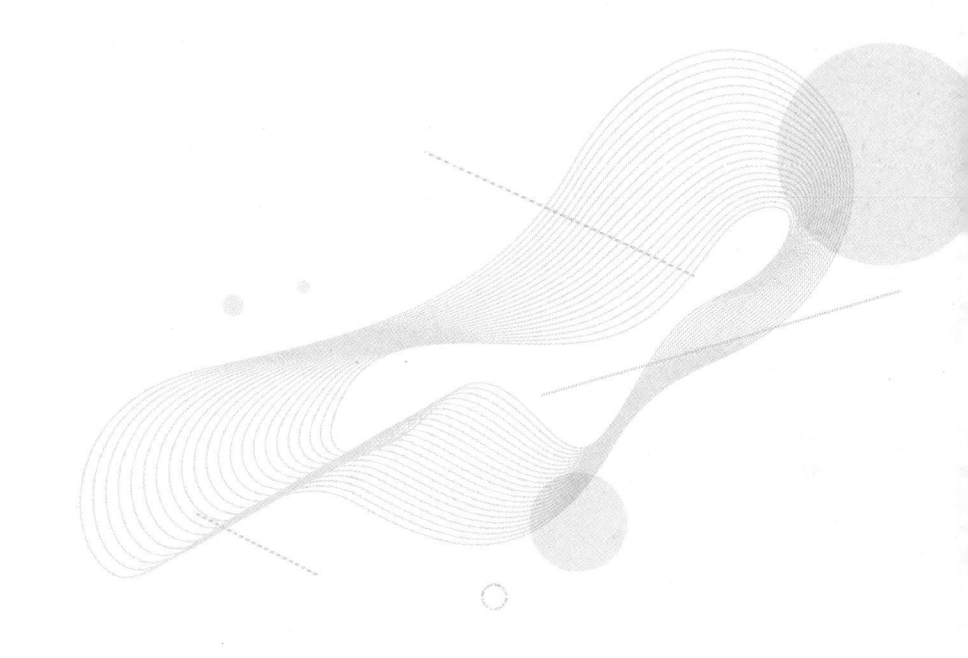

第❹章
国内外未来产业创新发展经验与启示

4.1 国外未来产业创新发展经验

4.1.1 美国未来产业创新发展经验

近年来,美国政府通过出台一系列相关政策和规划积极布局未来产业。2019年2月,美国通过颁布《美国将主导未来产业》,开始强调未来产业将成为美国国家战略,提出重点聚焦和部署以人工智能、量子信息科学、先进制造业、5G技术为主的产业领域,并对这些领域加大投资(赵博等,2019)。围绕量子信息科学在下一场技术革命

中的引领性作用，美国又出台《量子科技国家战略概述》，强调要加快突破量子基础技术。2020年，特朗普政府将新兴技术作为未来产业的技术内核，在《2030愿景》中提出了保持关键技术优势的发展策略，并规划了美国未来10年科技政策和基础研究的走向，为未来产业发展指明了道路（方晓霞等，2023）。

美国建立了专项投资体系以支持未来产业发展。2021年3月，拜登政府指出要重点关注未来产业及相关前沿技术，并投资2.25万亿美元建设基础设施。美国也加强在重点科学领域的科技创新投入，《美国就业计划》和《NSF未来法案》分别提出投资1800亿美元和726亿美元来投入研发半导体、先进计算及先进通信技术等未来产业相关技术，并加强建设未来产业相关的新兴技术群。通过梳理相关政策，美国构建的专项投资体系主要包括两方面：一是政府专项投资。国家技术基金会（NTF）以政府主导、公私联合的方式推进中度成熟技术的未来产业应用研究。2020年8月，美国国家科学基金委、能源部和巨头科技公司宣布在5年内投资10亿美元，支持建立人工智能和量子信息科学等研发机构。二是政府直接采购。美国政府也会根据自身需求直接购买企业的技术服务，如中央情报局通过DARPA、In-Q-Tel等机构和企业，获取最新的信息技术服务，以支持美国的情报能力。

美国设立专门的研究机构来整合未来产业创新链。例如，美国政府在《未来产业研究所：美国科学与技术领导力的新模式》中提出，要建立一个集聚组织模式、运营机制和管理结构于一体的未来产业研究所，其具有多部门共同参与、多元化投资、公私共同建设、市场化运营的特点，以全流程整合基础研究环节、应用研究环节和新兴技术产业化环节为目标，共同提升交叉领域的创新效率。

4.1.2 欧盟未来产业创新发展经验

欧盟为加快布局未来产业，先后出台了一系列相关政策法规，优化未来产业发展环境。完善的政策引导是推进未来产业建设的重要保障，欧盟及其成员国从总体目标、发展现状、重点任务及分工保障等方面对未来产业布局提出了明确要求，确定了未来产业发展的路线（张丽娟，2019；方晓霞等，2023）。

欧盟主要通过构建完善、独特的协同创新体系来规范未来产业的发展，具体包括四种模式：一是项目多元合作创新，即不同国家、不同行业、不同类型的机构共同合作、及时交流，采取政府资助、企业投资、民间投资等投资模式，促进前沿技术的融合发展。二是专门机构指导模式，通过在不同地区设立政府创新管理机构和非政府独立机构来指导未来产业的发展。三是以高校、研究院和企业的知识三角为基础理念，构建知识群体，促进基础科学研究和产业发展相互融合。四是通过先进的网络和通信技术建立虚拟协同创新社区，提高成员合作创新能力，形成高效的创新生态系统。

4.1.3 日本未来产业创新发展经验

日本主要以"技术+应用"的方式推动未来产业的融合发展。2016年，日本首次提出"社会5.0"（超智能社会）的概念，指出通过打造下一代数字化平台和智慧城市建设，开创一个可以为人类带来美好生活的超智能社会。在"社会5.0"愿景下，日本提出发展未来产业，开始对前沿技术进行大量部署，计划投资28.1万亿日元促进相关技术研发。2017年，日本通过发布《未来投资战略2017：为实现"社会5.0"的改革》，提出未来产业要聚焦生命健康、交通出行基础设施和城市建设及能源与环境等八大战略领域。2019年，在达沃斯论坛上，日本首相安倍晋三指出了"社会5.0"的最终目标，通过物联网、人工智能等科技满足社会的种种精细化需求，推动经济增长。2020年，为面对未来产业发展和社会变革带来的挑战，日本政府基于"社会5.0"的具体路径，通过发布《科学技术创新综合战略2020》，提出未来将重点部署公共卫生、人工智能、超算、大数据分析等领域。

此外，日本其他科技研发投资规划也涉及未来产业前沿技术开发的投资计划。2018年，《战略性创新推进计划》发布第二期资助计划，主要资助包括网络空间基础技术、自动驾驶、光和量子的"社会5.0"实现技术等在内的9个方向。2020年，日本文部科学省2020年科学技术预算提出资助支撑超智能社会建设领域，主要包括人工智能、量子科技、大数据、物联网等前沿技术。同年，日本在"后5G信息通信系统基础强化计划"中指出，将对云核心技术、云网络综合管理和自动优化技术等方向进行投资。

最后，日本还聚焦前沿技术领域制定了发展规划和方案。例如，日本召开"半导体·数字产业战略研讨会"，旨在为半导体产业精心规划发展蓝图，并全力开展针对性研究，制定切实可行的方案。除此之外，该研讨会还强调如何制定与半导体和数字基础设施相关的新产业政策，进而引导和强化供应链发展（张丽娟，2019；方晓霞等，2023）。

4.1.4 韩国未来产业创新发展经验

韩国一直以制造业为基础发展未来产业,然而除存储芯片可以作为其主要产业外,其他领域一直未形成支柱性产业,同时在全球经济低迷和人口老龄化等各种因素的影响下,韩国产业转型迫在眉睫。2011 年,为突破这一局面,韩国政府通过投入 1.5 万亿韩元促进诸如用于开采深海资源的海洋技术、与人工智能技术融合的脑神经信息等六大相关产业的技术开发。2019 年,韩国发布了《制造业复兴发展战略蓝图》,其核心目标是通过振兴制造业来打造一个以创新为主导的制造业强国。该蓝图强调,培育未来产业是实现制造业复兴的四大战略之一,这包括发展未来产业的前沿技术和集中发展新材料、核心零部件等新兴产业。在未来产业前沿技术的发展方面,韩国制定了中长期的发展路线图,并鼓励在半导体、未来汽车、生物技术三大核心领域开展大规模的公私合作研发项目(王晓明,2023)。

韩国以"投资计划"为核心牵引未来产业发展,通过颁发《政府中长期研发投入战略(2019—2023 年)》,明确指出 2019—2023 年,将重点投资人工智能、信息安全和生物医疗等领域。这些投资将以制造业为基石,通过推动产业结构的智能化、融合化和环保化创新,同时借助人工智能中心、大数据平台及其他基础设施的建设来培育新产业和新型服务(宋微等,2019)。

在未来产业人才培养方面,韩国采取政府及产学研多方共同培育的方法。例如,2021 年,韩国启动由韩国半导体产业协会主管负责的半导体产业人才培养工程,由大学、中小企业、中坚企业、协会等创新主体共同参与培养高级研发人员;韩国产业部与韩国汽车研究院、韩国产业技术振兴院等 6 家机构确定合作关系,为汽车行业转型需求培育创新人才。除此之外,韩国立足企业实际需求,相继推出人才培养相关政策和项目,营造良好的人才培养环境。同时,韩国还增加大学配额,为学士、硕士及博士教育提供支持。

4.1.5 小结

主要国家立足发展定位,对未来产业前沿技术在相关领域展开布局,提出相应的发展措施,通过系统梳理和归纳,可以发现主要国家存在共同的经验值得借鉴。

1. 加强创新环境和创新生态建设

（1）加强创新基础设施建设。创新基础设施作为未来产业发展的关键资源，是支撑科学基础研究、攻关新兴技术、研究开发产品的基础设施。各个国家以追赶科学前沿和发展战略目标为基本原则，在部署未来产业的相关规划中，纷纷提出加强创新基础设施建设这一措施（周波等，2021）。美国提出要加大力度投资建设新型研发机构、研究所及技术管理机构等创新基础设施；欧盟于2018年设立"数字欧洲项目"，加强人工智能、网络安全等领域的基础设施建设，在2024年投入69亿欧元的资金支持建设氢能产业发展所需的基础设施；日本也同样重视创新基础设施建设，推出多项政策激励建筑行业节能减排，引入节能环保技术，鼓励建筑节能。

（2）减少对未来产业相关技术的非必要监管。当前，未来产业的技术、发展模式等均不成熟，各个国家对其边界、模式、业态等的认识都不深入，过于严格的监管反而会阻碍未来产业的创新和发展。美国与欧盟等主要国家和地区纷纷提出减少非必要监管等举措。美国提出降低创新监管壁垒，采取措施减轻行政和监管负担，给予研发生态系统更多授权；法国总统埃马纽埃尔·马克龙和欧盟高级官员在巴黎人工智能行动峰会上表示，欧盟将放松对人工智能的监管，以推动其在欧盟地区蓬勃发展。

（3）注重与产业界合作交流的强度和程度。企业作为未来产业发展的重要创新主体，具有集聚创新资源、实现技术成果转化及分担风险等作用。未来产业在发展过程中，主要面临技术和市场风险，与企业合作在一定程度上可以降低未来产业面临的风险。以美国为例，美国政府提出要促进多部门合作和技术转化，推动联邦政府资助的技术从实验室向市场转化。日本企业与外国公司的合作案例不断增加，合作与合资企业数量较2010年增长约3倍，交易额增长约5倍；韩国政府大力支持企业牵头的产业联盟，通过政策引导和资金支持，鼓励企业间合作，共同应对未来产业发展中的技术和市场风险。

2. 加强未来产业前沿技术人才培养和引进

核心技术人才是未来产业发展的核心资源，各国在未来产业的部署中，主要从加强基础教育、人才引进两方面实现人才培养。在加强基础教育方面，各国主要聚焦科学、技术、工程、数学等领域，自主培养全面高素质人才，促进未来产业发展；在人才引进方面，主要通过奖励政策吸引全球优秀的创新人才。与此同时，有些国家还注

重对员工的培训，进而培养可以推进未来产业发展的人才，并且还可以减少未来产业发展带来的问题和风险。在各国未来产业的部署中，美国已经提出了一个面向未来的科技人才队伍的计划，要求各政府部门和机构优先考虑投资于科学和技术教育创新的研究项目及相关活动；日本提出要加强培养基础技术研究和跨领域科技的人才。

3. 建立灵活多元的投入资助机制

多元的资金资助来源主要包括政府研发投入、企业投入和社会捐赠等方式。资金资助解决了未来产业发展过程中遇到的基础研究风险大、资金投入多、研发周期长等问题。欧盟委员会2020年发起"创新基金"，部分资金来自欧盟"碳排放交易系统"排放配额的拍卖所得，同时欧盟的一些企业也会参与其中，投入资金与科研机构合作开展可再生能源项目的研发；韩国政府在半导体产业投入大量资金，支持三星电子、SK海力士等企业开展芯片研发项目，此外，韩国的一些高校和科研机构也会通过与企业合作获得资金支持，开展未来产业的相关基础研究，部分社会资本也会通过投资创业企业等方式参与未来产业的发展中。同时，主要国家逐渐加大对未来产业前沿技术的投资，美国颁布多项法案，提出未来产业前沿技术是优先资助领域；日本政府在2021年和2022年确保了合计超过2万亿日元的半导体相关预算；欧盟委员会和欧洲投资银行建立合作伙伴关系，预计投入46亿欧元用于电池领域研发。在主要国家提出的发展措施中，也有许多国家提出采取多主体共同投入资源的机制，将创新主体资源、大数据资源及其他资源进行融合，旨在推动"基础研究—应用研究—前沿技术产业化"全过程创新链的整合，促进交叉领域融合创新（杨丹辉，2022）。例如，美国通过地方政府提供土地、资金等资源，国家研究所提供基础设施资源，科研院所提供人才等资源，集聚各创新主体的优势资源，突破未来产业前沿技术攻关。

4.2 国内未来产业创新发展经验

4.2.1 国家未来产业重要政策分析

前瞻布局未来产业，对于一个国家在全球经济格局中占据有利地位、获取产业主导权及抢占竞争制高点而言，具有至关重要的作用。当前，我国全面建成小康社会目标已如期实现，已开启实现第二个百年奋斗目标的新征程，朝着实现中华民族伟大复兴的宏伟目标继续前进。我们必须主动做出着眼未来长远发展的战略性产业选择和前瞻布局。自从"十四五"规划首次提出"未来产业"这一概念以来，我国围绕重点产业、发展路径、保障措施等方面，从国家层面陆续出台了一系列与未来产业相关的政策文件，紧抓科技革命和产业变革的重大机遇，推动中国经济在高质量发展道路上行稳致远。

1. "十四五"规划

"十四五"规划提出，重点围绕类脑智能、氢能与储能、未来网络及量子信息等前沿科技和产业变革的领域，积极组织推动与制定关于未来产业孵化、培育、发展的计划。谋划布局未来产业的发展路径可以主要概括为以下三个方面。

首先，整合优化科技资源配置。以国家战略需求为导向，重点布局前沿技术和产业变革的领域，建设和重组结构合理、运行效率高的国家实验室、国家产业创新中心等，进而有力引领国家战略科技力量，推动国家在关键领域实现突破与发展。通过优化提升凝聚了科研院所、企业等创新主体的科学研究资源和力量，支持建设符合未来产业发展需求的研究型大学、研发机构等创新主体，深度贯通产学研用，提升承担国家重大技术攻关任务的基础研究能力，构建和完善技术创新体系。

其次，加强自主性、引领性前沿技术攻关。瞄准前沿科技领域，充分发挥国家创新型基础设施的载体作用，通过制定和实施与国家安全和发展全局相关的基础研究领域的战略性科学计划、工程和项目，凝聚和配置人才、资金及基地等创新优势资源，持续加强攻关未来产业重点领域的关键核心技术（"十四五"规划，2021）。

最后，建设重大科技创新平台。围绕科研院所数量多、产业基础丰富等具有不同科技创新资源优势的地区，加快建设国际科技创新中心、综合性国家科学中心及区域科技创新中心，形成和完善具有多层次、体系化特点的区域创新空间格局，积极布局诸如未来产业科技创新平台、公共服务平台等国家重大科技基础设施，实施产教跨界融合创新示范工程，充分发挥它们具有的功能与作用，引导科技资源、创新资源的流动，强化国家战略科技力量，整体提升科技创新体系在未来产业中发挥的效能。

2.《关于加强科技伦理治理的意见》

科技伦理是开展科学基础研究、攻关技术研发等科技创新活动需要遵守的价值观念和行为规范,对促进科技活动稳定发展具有重要保障作用。2022年3月20日,中共中央办公厅、国务院办公厅发布了《关于加强科技伦理治理的意见》(以下简称《意见》),主要围绕科技伦理原则、治理体制、治理制度保障及审查和监管四个方面进行阐述。

首先,明确科技伦理原则。科技创新在发展过程中主要面临个人隐私泄露、技术带来的不确定性和风险等问题,科技活动要保持客观评估和审慎对待的态度,尊重个人隐私,及时公布科技创新活动涉及的信息,提高信息透明度,以客观真实为基本原则,保障参与科技活动的主体的知情权和选择权。

其次,健全科技伦理治理体制。在科技创新的过程中,政府、企业、高校等各方都承担着不可或缺的责任和角色。政府应当通过制定科学的政策和法规,为科技创新提供良好的环境,并加大对基础研究的投入,同时鼓励企业加大研发力度,推动科技成果的转化应用,并加强对科技伦理的监管,建立完善的伦理审查机制,确保科技创新活动符合伦理规范,防止科技滥用可能带来的负面影响。同时,企业也应引入伦理管理,确保其科技产品和服务不仅追求经济效益,还要注重社会效益和伦理道德。

再次,加强科技伦理治理制度保障。制定科技伦理标准,确立一系列符合科技发展和社会价值观的伦理准则,建立一套完善的规范和审查机制至关重要,以确保科技活动在实践中遵循这些伦理标准。加强监管制度,确保科技应用过程中持续遵守伦理规范,及时纠正违反伦理的行为,提升科技伦理治理水平,促使伦理水平法治化。

最后,强化科技伦理审查和监管。加强对各类科技项目在指南编制、审批立项及结题验收等每个环节的监管,实施全流程项目监管,监测且警示所面临的科技伦理风险,具体落实到违背科技伦理要求的责任者,严格查究违背科技伦理要求的行为。除此之外,《意见》还提出加强对财政资金设立的科技基金及国际合作研究活动的科技伦理等领域的审查和监管。

3. 未来产业前沿技术相关领域的政策分析

在"十四五"规划的指导下,国家也陆续出台了一系列与未来产业前沿技术发展相关的指导意见和规划。例如,在区块链技术方面,2021年6月,工业和信息化部与中央网信办携手发布了《关于加速区块链技术应用与产业繁荣的指导意见》，该意见深刻阐述了区块链技术在重塑信息产业生态中的核心地位，并聚焦于两大核心方向：一是利用区块链技术赋能实体经济，促进产业升级；二是通过区块链技术优化公共服务，提升社会治理效能。同年11月，工业和信息化部又发布了《"十四五"信息通信行业蓝图规划》，该规划精心布局了21项关键工程及26项发展要点，为信息通信产业的未来发展指明了道路。该规划强调，通过构建国家新一代数字基础设施体系，强化网络能力、深化信息数字化在生产与服务领域的应用，以及探索数字化发展的新边界，来全面支撑并推动基础性、战略性和先导性产业实现高质量发展。这一系列举措旨在打造一个更加开放、协同、智能的信息通信环境，为经济社会数字化转型提供坚实支撑。在生物技术领域，国家发展和改革委员会在2022年5月颁布了《"十四五"生物经济发展规划》，主要立足建设重大科技基础设施、建设关键共性生物技术创新平台和加强原创性、引领性基础研究三个方面的内容，加快推动生物技术和信息技术的深度融合，深入推进我国生物经济高质量发展。

总而言之，通过系统梳理以上政策可以发现，国家未来产业重要政策主要聚焦于整合优化创新资源、加强创新环境和创新生态建设、构建国家新型数字基础设施及加强基础研究等方面，来实现未来产业前沿技术研发和重大突破，通过场景创新建设，推动前沿核心技术和产业爆发，支撑和保障国家社会经济的高质量发展。

4.2.2　主要区域未来产业创新经验

1. 北京市

北京市聚焦培育高精尖产业集群，依托其得天独厚的政治优势、深厚的创新底蕴及丰富的科技资源，致力于激发新的发展活力与增长点。为此，北京市明确提出，将建设具有全球竞争力的科技创新中心作为引领发展的核心战略，以此推动城市经济结构的优化升级，加速迈向创新驱动的高质量发展阶段。北京市主要从以下四个方面重点培育以新一代信息技术、医药健康、节能环保、集成电路、智慧城市等为核心的十大高精尖产业。

一是聚焦高精尖发展方向，主动谋划北京产业转型升级。北京聚焦5G超高清视频、创新生物医药及虚拟现实等多个细分领域出台行动计划和方法，持续释放产业转型升级信号，通过"换核、强芯、赋智、融合"，加快提升产业基础，在产业关键点和

制高点方面形成带动全局的领先优势,实现产业结构优化的变革,承担推动社会经济高质量发展的责任与使命。

二是全力推动创新发展,释放产业新势能。将中关村打造为"国家科技研发集聚区",建设诸如国家实验室等创新主体,推动制造业和现代服务业等融合,加快推动攻克前沿核心技术,培育万亿级产业集群,提高产业综合竞争实力。同时,大力推动京津冀协同发展,充分发挥北京"一核"辐射带动作用及先进制造和数字资源优势,为国家重大基础技术研究提供良好的载体支撑。

三是把握新型基础设施的优势,进一步厚植人工智能、5G、互联网等数字经济发展根基。通过凝聚以算力、数据等为主的数字核心要素,构建多个具有稳定的网络基础、活跃的平台创新能力和完善的产业生态的新型基础设施,以推动产业的数字化、智能化、生态化和绿色化发展,从而加速经济的转型升级。

四是持续改善制度环境和创新生态,强化人才引入机制。中关村颁布"1+6"系列政策、"国际人才20条"等一系列政策吸引顶尖科技人才,良好的制度环境为北京营造创新生态提供了保障。同时,北京通过出台相关政策持续加大改革营商环境,主要就审批制度、监管执法、竞争秩序、基础服务、政务服务等方面提出举措。

2. 上海市

上海市立足自身综合优势,持续优化和升级产业体系,先后提出了构建"3个先导产业、6个重点产业"的新型产业体系,并且明确了以元宇宙、数字经济、智能终端和绿色低碳为主要方向。2022年9月,上海市发布了旨在推动未来产业创新与集群发展的《上海打造未来产业创新高地发展壮大未来产业集群行动方案》(以下简称《行动方案》),明确聚焦人工智能、未来健康、能源科技、空间探索及前沿材料五大战略领域,力图构建未来产业的创新高地。这一举措旨在挖掘新的经济增长点,运用最前沿的科技力量为上海市传统产业的转型升级注入强劲动力。实施策略将围绕三大核心方向展开,通过精准布局与高效执行,加速上海市在全球未来产业竞争中的领先地位,具体实施路径主要包括以下三个方面。

一是打造未来产业先导区,激活未来产业集群发展的引擎。这些引领区域在功能上不仅要成为创新的发源地,还要发挥产业的引领作用,通过在特定领域串联创新和产业链的所有环节,推动产业集群的发展。《行动方案》中提议将上海张江科学城、临港新片区、闵行大零号湾作为首批三个引领区域，由于这些区域拥有丰富的科技创新资源和良好的产业基础，因此可以优先促进产业的集聚，并引导未来产业的发展。

二是建设一批以承载并推动未来产业领域科技创新成果转化为核心功能的未来产业加速园。这些加速园将包含孵化器、加速器、小规模试验平台、旗舰工厂、技术服务平台、金融服务机构等多种元素，应在更广阔的空间范围内进行统筹规划，以促进未来产业领域科技成果的转化。大学科技园、双创空间载体、特色产业园区三类产业创新载体将有条件率先打造成为未来产业加速园。

三是构建多个创新联合体，旨在打通从"基础研究"到"应用基础研究"，再到"科技成果产业化"的完整链条，实现双向顺畅流通。创新联合体作为国家力推的产学研深度融合新范式，其核心在于企业的引领作用，它汇聚了大学、科研机构等多方创新主体的优势资源，聚焦于未来产业领域中的核心关键技术难题，展开联合攻关。政府则通过设立联合研究项目等措施，为这一过程提供方向指引和动力支持，共同推动那些具有高度交叉性和前瞻性的未来产业的创新发展。

3. 深圳市

深圳市于 2013 年年底就出台了《深圳市未来产业发展政策》，明确提出对航空航天、生命健康和未来海洋三个未来产业领域进行提前布局和部署。深圳市率先建立起了以企业为主体、产学研深度结合的科技创新系统，并形成了较好的产业基础。2022年，深圳市发布了《深圳市培育发展未来产业行动计划（2022—2025 年）》，提出立足未来产业的发展周期，梯次培育未来产业，进而不断壮大产业规模，持续优化产业空间和完善产业生态。因此，深圳市发展未来产业的创新经验丰富，主要有以下两点值得借鉴。

一是围绕资金融资、重大项目、人才引进、自主创新能力提升，打造"矩阵式"产业扶持体系。深圳市通过创建市政府科技研发资金和天使投资基金等不同资本的联动机制，建立由多种投资方式组成的基金体系，以企业融资需求为导向，对接评估、咨询等全流程融资服务，布局各类科技创新项目。通过实施科技创新人才培养专项，构建完善的评价制度体系，培养面向未来产业的拔尖创新人才。

二是注重突破前沿技术攻关和加速成果产业化。深圳聚焦全过程创新生态链，涵盖基础研究、前沿技术攻关、科技成果产业化、研发投资、创新人才等环节。为了推动科技创新与产业升级的深度融合，深圳市鼓励行业领军企业主导成立"创新联合体"，并率先启动大鹏坝光、龙岗阿波罗等前瞻性未来产业集聚区的建设。这一战略旨在探索企业、高校与科研机构之间的新型合作模式，促进跨学科、跨行业的协同创新与产业链上下游的紧密合作。同时，建立灵活的政策支持体系，针对不同产业、技术及企业需求实施定制化政策，确保精准扶持。以科技创新基础设施为平台，构建高效的科技成果转化机制，确保科研成果能够"边研发、边应用、边转化"，加速科技成果从实验室走向市场，为经济发展注入持续动力。

4.2.3 未来产业典型发展路径剖析

未来产业作为城市建设和经济高质量发展的"引爆点"，是推动区域经济转型升级的新动力。"十四五"时期，各省市加快布局未来产业，通过系统梳理和归纳各省市未来产业的发展路径，可以从中总结的可供推广复制的成功经验主要包括以下四点。

第一，加强顶层设计，瞄准全球价值链高端环节和国际竞争制高点。各省市结合"十四五"规划，相继出台了关于本地未来产业发展的相关政策和规划，坚持以国家创新驱动发展战略为目标导向，依托全省市优势资源和科技创新资源，科学制定未来产业高质量发展的总体思路和目标。一是瞄准数字经济、新材料和生命健康等前沿产业领域，加强基础研究，凝聚创新资源，持续攻关前沿核心技术；二是围绕自身拥有的产业基础、产业载体及创新服务等优势，加快构建科技创新中心，推进各区域形成具有综合竞争力的现代产业体系；三是持续优化保护创新、激励创新的制度环境，极大地激发了全社会的创新活力与创造潜能，成功构建起未来产业发展的全新格局。

第二，注重发挥龙头企业引领作用，促进产业集群发展。一是各省市都立足已有的产业基础、创新资源等优势，引进、培育人工智能、量子信息、生命健康等前沿未来产业相关领域的重点龙头企业，精准培育了一批有潜力的中型企业，广泛汇聚了一批具有较强微观活力的科技型创业企业，并配套以人才、商事、金融、法律、咨询等全方位科技服务，推动形成了科技领军企业和科技型中小微企业优势互补、融通创新、产业集群式发展的良性格局；二是推动未来产业跨界融通，打破传统行业壁垒，将不同领域的技术、资本、人才等资源进行有效整合，通过技术、产业领域之间的深度渗透，不断催生新业态，引领我国经济社会全局和长远发展。

第三，推动创新主体聚集，突出重大平台打造。一是坚持科技创新，注重以前沿技术研发、实体经济、创新驱动等为主的各类企业相互作用，产生聚合效应，建设产业创新中心和技术推广应用中心，大力推进区域创新体系建设，打造集研发、孵化、生产、物流、生活于一体的未来产业新城；二是依托多个综合科研平台和现代服务业集聚区，建设一批基础好、潜力大、创新能力强的产业制造基地和具有较强区域影响力、优势的未来产业特色基地；三是成立国家自主创新示范区行业协会，通过组建产业创新联盟、创设产业高峰论坛，加强开放合作，形成科技供需匹配、技术攻关、创新成果推介、学术交流、技术培训等全链条综合服务能力，加快科技成果转化。

第四，加强高端要素的精准保障，营造优良的创新创业环境。围绕未来产业发展特征，特别注重人才、资金、服务保障等方面的扶持政策和措施。一是在人才方面，通过颁布和实施各项人才计划，成功引进一批以院士为代表的海内外高层次科技人才；二是在资金方面，注重政府的引导作用，积极发挥银行的基础性作用，通过市场化方式设立各类未来产业发展基金，形成以政府、企业、金融机构及社会资本等为主的投资主体多元化机制，通过搭建企业金融服务平台，解决企业在发展未来产业过程中遇到的金融问题；三是加强政务资源的整合，通过建立一支专业的服务团队，构建具有一站式特点的行政审批、零距离进行技术检测、第三方服务全面覆盖的服务体系，为企业提供质量与效率并存的服务和保障。

4.2.4 卓越企业最佳实践归纳总结

企业是培育未来产业的重要力量，通过强化企业这一核心创新主体的地位，推动大中小企业进行融合和创新，为实现产业经济高质量发展提供了重要保障。目前，我国已经在各个不同未来产业领域涌现了许多独角兽企业和瞪羚企业，逐步形成了以"创新龙头企业—瞪羚企业—高新技术企业—科技型中小企业"为梯队的创新型企业培育体系。通过对这些卓越企业在未来产业方面的实践进行分析，可以总结归纳为从以下三个方面进行借鉴。

首先，坚持推进科技创新，引领创新发展。专注前沿技术的基础研究和科技成果产业化，聚焦产业链上的每一个重点环节，不断加强对基础层、技术层和应用层等整个产业链的研究与开发，推进前沿技术规模化应用。注重与创新链进行深度融合，继续加强研发创新投入力度，培育具有引领性和主导性特征的"链主"企业。并且在迈向技术规模化应用落地的过程中，结合技术的特点和各个应用方向，利用系统性创新进行行业级问题的探索，让核心技术创新带动全局规划，因地制宜推动产业化的创新

成果落地。

其次，注重汇聚创新要素，搭建产业生态。在人才方面，注重技术研发、供应链等领域的人才培养，通过完善的产学研体系，与国际顶尖高等院校、研究机构建立深度合作关系，形成深厚的科技创新学术积累和完善的人才培养机制。在资金方面，通过融资渠道吸引阿里巴巴、科大讯飞、百度等巨头公司进行投资，围绕多技术领域持续加大投资力度，持续引领未来产业相关领域发展。此外，与其他行业的头部企业产生协作关系，加快推动未来产业融合创新，推进前沿技术规模化应用，最终形成一个相互影响、相互支持、相互依赖的良性生态。

最后，积极布局和构建知识产权体系，加速推动重大科研成果转化。从布局地域来看，以保护企业自身产品和提升企业竞争力为目标，一方面加大企业自身知识产权保护力度，另一方面对竞争产品地区分布、合作伙伴的经营模式及知识产权所属地域进行布局。从布局方式来看，通过申请专利、商标、软件著作权等方式分别从基础层、技术层和应用层进行知识产权布局，并且与商业秘密权进行不同程度的结合布局，构建合理的专利保护网，保障科技沿着正确方向精准发展，提高研发成效。同时，加快完善知识产权工作相关制度，注重提高从管理人员到研发人员的知识产权保护意识，最大化保护未来产业前沿技术创新成果。

4.3 对广西的启示

4.3.1 加强创新基础设施建设

创新基础设施作为未来产业发展的关键资源，是支撑科学基础研究、攻关新兴技术、研究开发产品的基础设施。在当今科技飞速发展、全球竞争日益激烈的背景下，其必要性和重要性愈发凸显。创新基础设施是产业转型升级、培育未来产业的重要依托，能够吸引高端人才、前沿技术和优质资本汇聚，促进创新成果快速转化为现实生产力，催生出新兴产业形态。广西应加大研发投入、搭建创新平台、积极构建各类科研实验室、鼓励校企合作，将科技创新作为推动未来产业创新发展的核心动力。

4.3.2 减少非必要的监管

当前，未来产业的发展正处于一个关键的转型期。由于技术和发展模式的不成熟，各国对于未来产业的边界、模式、业态等的认识尚处于探索阶段（周波等，2021）。在这个充满未知和变数的领域，过于严格的监管可能成为创新的绊脚石，阻碍未来产业的发展。对广西而言，应充分认识到该领域的未知与变数特性。应避免实施过于严格的监管措施，以免阻碍创新。广西应营造宽松灵活的监管环境，给予创新主体足够的试错空间，鼓励其大胆探索未来产业的边界，积极尝试不同的发展模式与业态，助力本地未来产业在探索中稳步前行，实现从无到有，从弱到强的跨越式发展。

4.3.3 加强未来产业人才引育

核心技术人才是未来产业发展的核心资源，各国在未来产业的部署中，主要从加强基础教育、人才引进两方面实现人才培养。在基础教育方面，各国主要聚焦科学、技术、工程、数学等领域，自主培养全面高素质人才，促进未来产业发展；在人才引进方面，主要通过奖励政策吸引全球优秀的创新人才。与此同时，有些国家还注重对员工的培训，进而培养可以推进未来产业发展的人才，并且还可以减少未来产业发展带来的问题和风险。对广西而言，要重视人才队伍的建设。广西可以通过制定具有吸引力的人才政策，吸引区外高端专业人才，同时，优化本地教育资源配置，加强职业教育与高等教育对未来产业人才的定向培养，为未来产业发展提供坚实的智力保障。

4.3.4 建立灵活多元的投入资助机制

多元的资金资助来源主要包括政府研发投入、企业投入、社会捐赠等方式。资金资助解决了未来产业发展过程中遇到的基础研究风险大、资金投入多、研发周期长等问题。建立灵活多元的投入资助机制对广西发展未来产业极为重要。从技术研发角度，多元资金可以支持企业攻克新兴技术难题。在产业培育与发展方面，资金注入能催生新兴产业形态，加快创新成果转化为实际生产力，带动区域经济发展，助力广西在未来产业赛道上实现弯道超车。广西应积极发挥引导作用，加大财政资金对未来产业基础研究的投入力度。同时，出台一系列税收优惠、政府补贴等激励优惠政策，激发本地企业参与未来产业研发的积极性，促使企业增加研发投入。此外，广西还应着力营造良好的社会氛围，引导社会资本关注未来产业发展，为未来产业发展注入资金，拓宽资金来源渠道。通过整合政府、企业、社会等多方力量，构建起完善的多元资金资助体系，为广西未来产业突破发展瓶颈、实现高质量发展提供坚实的资金保障。

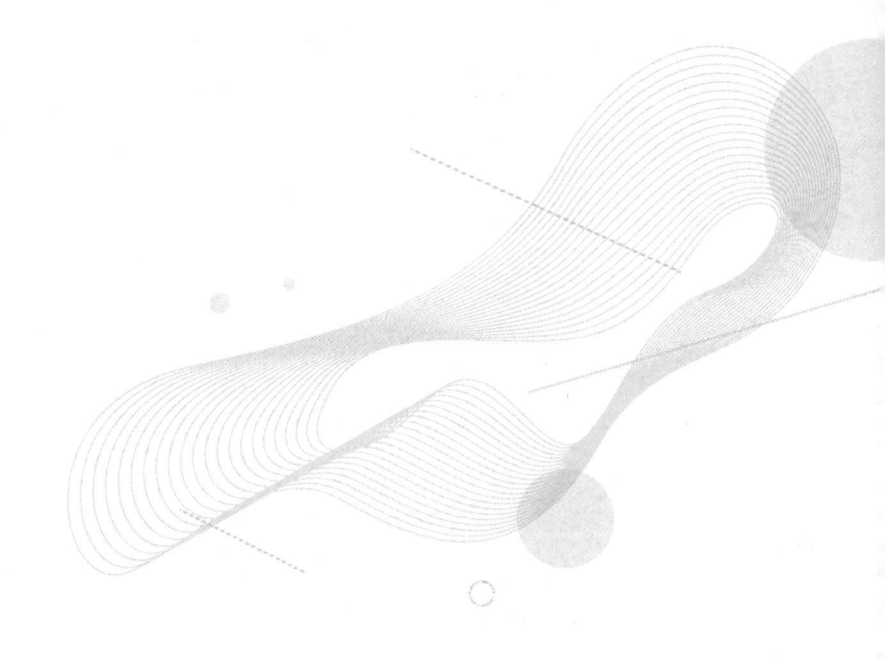

第 5 章
广西未来产业创新发展总体思路

5.1 广西未来产业创新发展指导思想

以习近平新时代中国特色社会主义思想为指导,全面贯彻落实党的二十大精神,以及习近平总书记对广西"五个更大"重要要求、视察广西"4·27"重要讲话和对广西工作系列重要指示精神,立足新发展阶段,以深化供给侧结构性改革为主线,以改革创新为根本动力,以形成新质生产力为导向,通过"现有产业未来化"和"未来技术产业化"两大抓手,围绕"优中培精""有中育新"和"无中生有"三条发展路径,加快广西未来产业布局,谱写新时代中国特色社会主义壮美广西未来产业创新发展新篇章。

5.2 广西未来产业创新发展基本原则

5.2.1 坚持创新引领,提升创新能力

针对科技创新存在的短板问题,不断扩大科技型企业的规模数量和群体,建设创新型平台,提升企业技术创新能力,全面培育高水平创新力量。通过加大研发经费的投入,加快推动基础研究和应用研究的进展,并推动科技成果的有效转化,促使科技创新的质量和效率并存。

5.2.2 坚持系统设计,推进全面发展

前瞻思考和全面布局未来产业发展,注重发展规划的全局性和战略性,把握好广西发展仍处于重要的战略机遇期,全球产业链正在重新洗牌,新技术、新产业、新业态层出不穷,准确识变、科学应变、主动求变,更好地发挥政府、企业和科研院校等创新主体的积极性。

5.2.3 坚持目标导向,科学精准施策

贯彻落实广西"东融、西合、南向、北联"的全方位发展新格局,建设科技创新合作区,着力服务广西提升科技创新能力,坚持目标导向,重点细分未来产业领域取得领先优势,攻克前沿技术,制定保障措施,加强人才队伍建设,强化应用基础研究、技术创新及科技成果转化。

5.2.4 坚持开放合作,实现共生共赢

以"三大定位"使命为导向,充分利用区域一体化优势,积极融入全球化创新网络,广泛地凝聚创新资源,注重合作共赢,在高层次中促进多主体协同创新,打破传统思维束缚,鼓励企业和科研机构敢于尝试、勇于创新,在开放的环境中提高自主创新能力,进而提升创新辐射力,将创新成果向周边地区和全国乃至全球扩散,更好地贯彻落实新发展理念。

5.3 广西未来产业创新发展主要目标

第一,抢占发展先机,引进培育行业领军企业。

首先,广西应面向东盟,充分发挥地理优势与资源优势,加强与东盟国家的经贸联系和文化交流合作,这不仅有助于提升广西在国际舞台上的影响力,还能够吸引更多的外资和先进技术,为当地经济发展注入新的活力。其次,要立足于新发展格局,积极加强顶层设计,这意味着要从宏观层面规划经济社会发展的大方向,制定符合国家战略需求和地方特色的政策措施。通过优化产业结构,推动产业转型升级,从而在新一轮的科技革命和产业变革中抢占先机。为了实现这些目标,必须加快企业吸引集聚资金、技术、项目、人才等创新资源的速度,包括建设一批高水平的产业园区和创新平台,为企业提供良好的发展环境;同时,还要通过政策引导和激励措施,鼓励企业加大研发投入,提高自主创新能力。再次,阶梯性强化科技创新中小型企业的主导作用也是关键。中小型企业是经济发展的重要力量,它们通常更加灵活,能够快速响应市场变化。因此,应当支持中小型企业在技术创新、市场开拓等方面发挥更大作用,形成大中小型企业协同发展的良性生态。最后,还需要培养一批科技创新能力突出、协同能力强的领军企业,这些企业不仅要在技术上处于领先地位,还要在产业链中发挥核心作用,带动相关产业的升级和发展。通过这些领军企业的示范效应,可以进一步激发整个区域的创新活力。

第二,加速发展战略性科技力量,统筹布局创新平台。

首先,广西必须抓住机遇,在其特色领域中努力实现核心技术的重大突破,如有色金属、糖业、水果种植等产业。应集中力量,加大研发投入,力争在这些特色领域实现核心技术的重大突破,从而保持和扩大其竞争优势。其次,为了实现这一目标,应致力于打造具有强大引领能力的未来产业链群,这意味着不仅要在现有产业的基础上进行技术创新和链条延伸,还要积极探索新的经济增长点,如新能源、新材料、生物医药等战略性新兴产业,从而在更高层次上实现产业的集聚和规模效应。再次,应积极构建国家级的未来产业先导区。在先导区内,可以实施更加开放和灵活的政策,为企业提供良好的创新创业环境,通过先导区的示范效应,带动整个区域的产业升级。为了支撑这些产业发展,必须整合企业、高校、科研院所及新型研发机构等多方创新主体的资源和优势,包括建立产学研用紧密结合的创新体系,促进知识的传播和技术的转移，以及鼓励跨界合作，打破传统的行业壁垒，以形成强大的创新合力，推动科技成果的快速转化。最后，着手建立符合国际标准的创新型平台，包括建设一批具有国际水准的实验室、研发中心、中试基地等创新载体，为科研人员提供世界一流的科研环境。同时，还应加强与国际知名科研机构和企业的合作，引进一批国际先进的科研设备和技术，提升广西在关键核心技术领域的研发能力。此外，借鉴国际先进的管理经验和模式，构建一套科学、高效、规范的管理体系，从而提升广西科技创新的整体效能。积极探索市场化、专业化、国际化的运营路径，吸引社会资本参与创新型平台的建设和运营，形成多元化的投资主体和运营模式，为广西的科技创新注入源源不断的活力。

• 第三，聚焦突破关键共性技术，构建支撑、引领现代产业的技术体系。

首先，广西需要全面统筹和布局技术体系，涵盖应用基础研究、攻关关键共性技术、实现成果转化及产业化等多个环节。在应用基础研究领域，应加大对关键领域和前沿技术的投入，为产业升级提供坚实的理论基础和技术储备。同时，在攻克关键共性技术方面，广西需要集中力量解决制约产业发展的技术瓶颈问题，以提高产业的技术水平和竞争力。其次，为了实现这些技术的成果转化和产业化，必须健全创新平台体系，这意味着要建设一批高水平的科技园区、孵化器、创新中心等平台，为科技成果转化提供良好的环境和条件，通过这些平台，可以促进企业、高校、科研院所之间的深入合作，加速科技成果从实验室走向市场的过程。再次，积极构建现代化产业体系。这既意味着要对既有传统产业实施深刻的转型与升级，又涵盖了培育与壮大独具特色的产业及充满活力的新兴产业。例如，在糖业、水果种植等传统优势领域，广西应通过技术创新和品牌建设双轮驱动，来显著提升其市场竞争力，让这些传统产业焕发新生。而对于新能源、新材料等前沿新兴产业，则需采取政策激励与市场导向相结合的方式，加速其规模化发展进程，尽快形成产业集聚效应。此外，构建现代产业体系必须强调新质生产力的培育，这要求广西不仅要追求产业规模的扩张，还要将焦点放在质量提升与效率优化上。通过引进先进的生产技术和管理经验，广西可以有效提升劳动生产率，同时降低生产成本，进而增强企业的市场竞争力，为经济的持续健康发展奠定坚实基础（赵艳丽和刘红伟，2000）。最后，应全力推动创新驱动的发展。创新是推动社会进步和经济发展的核心引擎，广西需实施一系列具有前瞻性和战略性的措施，以深化科技体制改革为突破口，全面激活企业与科研人员的创新潜能。这包括建立和完善科技成果高效转化的机制，打破传统束缚，让科研成果更快更好地转化

为现实生产力；同时，营造一种开放、包容且富有活力的创新生态，鼓励跨界合作与思维碰撞，为创新活动提供肥沃的土壤。通过这些努力，广西旨在构建一个在全球范围内都具备强大竞争力的创新型经济体系，为长远发展注入不竭的动力。

5.4　广西未来产业创新发展空间布局

以南宁和北部湾城市群为核心，以西部陆海新通道、湘桂走廊和珠江—西江经济带三大通道为轴线，重点聚焦人工智能、现代海洋、生命健康、通用航空、第三代半导体和氢能等六大产业，积极打造和构建广西未来产业"双核—三轴"的空间布局。"双核"是指以南宁为"强首府"核心；以南宁、钦州、北海、防城港等城市为北部湾城市群核心区。"三轴"是指西部陆海新通道轴线，包括西合长江经济带方向（涉及河池市、百色市）及南向东盟方向（涉及南宁市、崇左市、防城港市、钦州市、北海市）；湘桂走廊轴线，方向为北联长江经济带，涉及桂林市、柳州市；珠江—西江经济带轴线，方向为东融粤港澳大湾区，涉及梧州市、贺州市。

5.4.1　双核

1. 南宁

南宁作为广西的省会城市，地理位置上是中国距离东盟最近且是"一带一路"倡议的关键连接点。推行"强首府"战略，不仅加强了中国与东盟的开放合作，还深化了与"一带一路"的融合，同时也是加速建设繁荣广西、引领全区经济高质量发展的重要步骤。

一是抓住建设面向东盟的国际化大都市的机遇，依托中国—东盟发展合作区，充分利用地理优势，通过加强互联互通基础设施建设，如跨境铁路、公路、港口及信息网络等，可以极大缩短区域间的时空距离，促进贸易往来、人员交流和技术合作。在此基础上，建设未来产业发展的创新型平台，不仅能够吸引国内外高端创新资源汇聚，还能为区域企业提供便捷、高效的创新服务，加速科技成果的转化与应用。应重点加强国家级双创示范基地的建设，打造集研发、孵化、加速、产业化于一体的全链条创新服务体系。通过政策引导、资金扶持、人才引进等措施，激发全社会的创新创造活力，培育一批具有核心竞争力的创新型企业和瞪羚企业。同时，加强重大基础设施建设，如云计算中心、大数据平台、人工智能研发中心等，为数字经济、未来产业的发展提供坚实的支撑。

二是沿着高质量发展路径，立足南宁现有产业态势，把握生物医药产业作为当今世界经济增长的重要引擎，以及新能源汽车成为汽车产业发展的新趋势等机遇，通过加快打造生物医药产业集聚区、高端装备制造产业和新能源汽车产业基地等产业基础较好的创新载体，促使重点领域的科技创新能力和孵化效能得到极大提升，为未来产业的发展提供新的动力。

三是围绕科教资源集聚地区优势，加强顶层设计和规划引导，通过打造一流的科教环境，吸引和培养高层次的科技人才，为广西的经济发展提供强大的智力支持。优化整合人才、技术等创新资源，构建开放型创新体系，促进产学研用紧密结合，形成创新的合力。此外，还应超前布局技术创新中心和重点实验室等创新型基础设施，通过建设一批高水平的技术创新中心和重点实验室，从而在关键领域和前沿技术上取得突破，为产业发展提供强有力的技术支撑。

2. 北部湾城市群

北部湾城市群地处广西、广东和海南三省，背靠我国大西南，紧靠粤港澳，面向东南亚沿海、沿边开放的重要交会地区，地处我国"两横三纵"城镇化战略格局中的沿海纵轴最南部，在国家对外开放大局中占据着极其重要的战略地位。

一是立足各地发展现状和丰富的海洋资源，通过统筹共建海洋产业科技创新中心和科研平台，集中力量进行海洋科技的研发，促进科技成果的转化和应用，从而提升整个海洋产业的技术水平和竞争力。建设一批特色鲜明、设施完善的产业园区，为能源、石油、冶金等产业提供良好的发展环境。这些园区不仅能为企业提供物理空间，还能提供一站式服务，包括供应链管理、人才培养、技术支持等，从而降低企业的运营成本，提高产业集聚效应。

二是积极推进北部湾与东盟的科技创新合作，加速北部湾地区技术转移与转化中心、重点实验室等产学研平台的建设。通过简化行政审批流程、提供税收优惠等措施，营造有利于科技创新和成果转化的良好环境，吸引更多的科研机构和企业入驻。实施更加开放的人才政策，吸引国内外优秀的科研人员和技术专家到北部湾地区工作，为科技创新提供人才保障。通过搭建合作平台，促进北部湾地区与东盟各国科研机构和企业之间的深入合作，共同研究解决前沿核心技术问题，提升区域科技创新能力。围绕区域经济发展的重大需求，联合东盟国家的科研力量，开展重大科技项目攻关，推动关键领域的技术创新和应用。

三是加快建设具有国际标准的工业互联网平台，从而实现生产流程的优化、效率的提升和成本的降低，从而提升整体竞争力。同时，建立数字化转型促进中心，并提供技术咨询、人才培训、项目孵化等服务，帮助企业掌握和应用数字技术，推动产业数字化升级。通过实施重点项目和工程，促进大数据、工业互联网等产业的创新发展。此外，还需要前瞻布局未来产业，包括新能源、新材料、生物技术等战略性新兴产业，从而抢占未来发展的制高点，确保在激烈的国际竞争中保持优势。

5.4.2 三轴

1. 西部陆海新通道

西部陆海新通道向北连接丝绸之路经济带，向南毗邻 21 世纪海上丝绸之路，协同衔接长江经济带，在我国区域协调发展格局中发挥着重要的战略作用。

一是立足"双循环"新发展格局背景，聚焦基础设施和重大创新平台的建设，通过加强交通、能源、通信等基础设施建设，提高区域的物流效率和能源保障能力，为经济发展提供坚实的支撑。同时，推动重大创新平台如科技园区、研发中心、孵化器等创新载体的建设。大力推进产业开放合作，不仅要深化与国内其他地区的合作，还要积极参与国际合作，拓展国际市场。通过引进国内外先进的技术和管理经验，优化产业结构，提升产业水平和竞争力。此外，通过加大研发投入，优化创新环境，培育一批具有核心竞争力的创新型企业，为未来产业的高质量发展提供强有力的支撑。

二是围绕西部陆海新通道的战略定位，加强金融综合服务体系的建设，构建一个全方位、多层次的金融服务体系。不断优化银行、证券、保险等传统金融行业的服务内容，同时积极培育融资租赁、保理、担保等非银行金融机构，形成互补共进、协同发展的良好局面。通过引入先进的信息技术手段，如区块链、大数据、人工智能等，提升金融服务的智能化水平和风险防控能力，确保金融服务的安全、高效与便捷。同时，广西还应加强与国际金融市场的接轨，通过举办国际金融论坛、展览等活动，吸引国际金融机构、投资者和专家的关注，提升广西在国际金融舞台上的影响力和话语权。同时，优化外资金融机构在广西设立分支机构的审批流程，提供税收、土地等优惠政策，吸引更多外资金融机构入驻，推动广西金融市场的开放和国际化进程（韦金洪等，2022）。合理规划金融机构的布局，以促进金融资源的均衡分布，提高金融服务的覆盖范围和效率。同时，广西还应强化金融人才的支持，培养一支高素质的金融人才队伍，以推动西部地区进一步开放和融合发展。

三是强化南宁、桂林、柳州、北海四个国家高新技术产业开发区的功能，充分发挥其作为未来产业创新重要载体的作用。应加大对高新区基础设施的投资力度，确保道路、通信、能源、供水、排污等基础设施的现代化与高效化，建立一站式服务中心，为企业提供工商注册、税务办理、法律咨询、融资对接、人才引进等全方位服务。此外，加强科技中介服务机构建设，如技术转移中心、孵化器、加速器等，为初创企业和中小企业提供从创意到产品、从孵化到加速的全链条服务。同时，优化高新区的政策环境，出台一系列优惠政策，以吸引和鼓励更多的高新技术企业入驻。鼓励和支持企业加强技术创新，推动科技成果的转化和产业化，提升市场主体活力。

2. 湘桂走廊

湘桂走廊以湘桂铁路为轴线，向北经过永州、衡阳、长沙和武汉，向南经过桂林、柳州、南宁到广西的北部湾经济区，贯穿湖南和广西两个省份，沿着湘桂铁路直达中越边境的城市凭祥。

一是围绕向海经济开放型经济发展新模式，积极加入面向东盟区域的科技创新合作区，通过加强与东盟国家的科技合作，共享科技资源，共同研发新技术，以促进科技成果的转化和应用。充分发挥合作平台的作用，加强内部城市的协同发展，形成以北部湾为中心的向海经济圈。同时，加强与国内外其他城市和地区的合作，形成横向到边、纵向到底的开放格局。

二是面向湘桂走廊的重要通道，深化新能源、通用航空、生物医药、装备制造等重点领域的科技合作，深化广西与周围省份的合作，加快推动广西和湖南联合实验室、数据中心等建设，加强科研资源的共享，提高科研效率，推动科技创新的发展。联动地区高校、科研机构及龙头企业合作建设创新平台，拓展发展新空间，通过加强产学研用合作，促进科技成果的转化和应用，推动产业升级和经济转型。

三是发展特色产业与旅游业。湘桂走廊地跨广西与湖南，两省区均拥有丰富的农业资源，特别是广西以其独特的地理环境和气候条件，盛产多种优质农产品，如热带

水果、特色蔬菜、中药材及畜禽产品等。广西可以依托这些资源，大力发展农产品深加工产业，通过引进先进技术和设备，提升农产品的附加值。此外，发挥湘桂走廊的自然风光和人文景观优势，推动文化旅游产业的融合发展，打造一批具有影响力的旅游品牌和线路。深入挖掘湘桂走廊沿线的历史文化遗迹、民俗风情和自然景观，通过举办文化节庆活动、民族风情展示、生态旅游体验等方式，吸引游客前来观光游览。加强与湖南等周边省份的合作，共同开发跨区域的文化旅游线路和产品，实现资源共享、市场共拓。

3. 珠江—西江经济带

珠江—西江经济带是一个以西江为核心，横跨广东和广西两省的经济区域，它向上与云南和贵州相连，向下则与香港和澳门贯通，将我国东部的发达地区与西部的欠发达地区连接起来。

一是立足于珠三角地区的经济转型和发展的战略中心，借助西南地区的出海大通道，通过与西南地区的其他省份共同建设这个出海大通道，广西不仅能够提高自己的物流效率，还能够为西南地区的企业提供一个便捷的出海通道，从而促进区域内的经济一体化；面向港澳和东盟开放合作的前沿地带，充分发挥广西的桥梁纽带作用，通过优化产业布局、提升基础设施水平、加强科技创新等措施，把独特区位优势转化为发展优势，提升创新资源流动和优化配置能力。

二是加快构建珠江—西江经济带重大平台，深化科技创新合作，通过联合周边省份搭建科技创新合作平台，共享科技资源，共同研发新技术。依托科研优势，组织和实施一批重大科研项目，攻关核心技术，提升科技创新能力。通过引进和培养一批高层次的科技人才，使广西能够形成一支强大的科技创新队伍，为经济发展提供源源不断的创新动力，从而培育壮大科技创新力量。

三是充分发挥西江黄金水道的作用。持续加强西江黄金水道的基础设施建设，提升其通行能力和服务水平，通过疏浚河道、加固堤坝、改善航运设施等措施，确保水道畅通无阻，为货物运输和人员流动提供便利。依托西江黄金水道，根据自身产业基础与资源优势，聚焦重点产业需求，充分发挥港口城市的区位优势，以积极推进梧州、贵港及来宾等港口资源整合为契机，统筹布局以电子信息和航运服务等为主的未来产业。

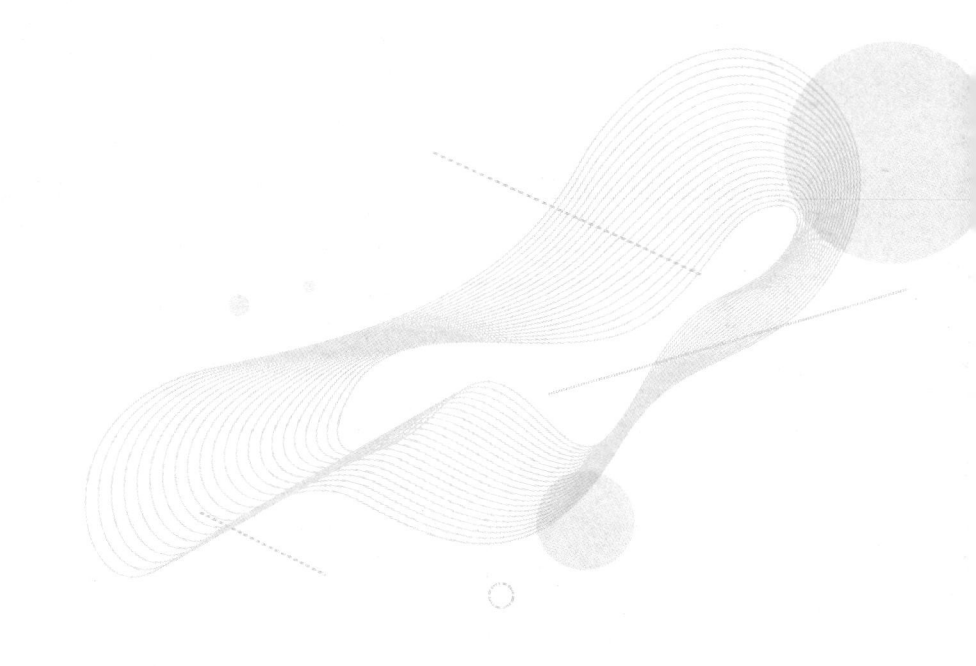

第 6 章
广西未来产业创新发展重点任务

6.1 补短板,做强"优中培精"型未来产业

本章立足具有较好产业基础、能够抢抓先机、率先布局的人工智能产业,围绕广西人工智能产业发展现状,分别从基础、依据、结构和支撑层面对其发展方向进行阐述。

1. 政策依据

自 2017 年起,中国政府以前所未有的力度和决心,投身于人工智能产业的蓬勃发展中。为紧握全球人工智能产业的战略脉搏,我国致力于在人工智能领域构建领先优势,并矢志成为世界科技版图上的璀璨明珠。基于此,国务院于 2017 年 7 月 8 日发布了《新一代人工智能发展规划》,这份纲领性文件清晰勾勒出我国人工智能发展的宏伟蓝图与核心使命,即通过人工智能技术的深度融入,强化国家核心竞争力,引领经济社会迈向全面智能化的新纪元。在此背景下,广西积极响应国家战略部署,于 2018 年制定了《关于深入实施新一代人工智能发展规划的行动方案》。该方案紧密对接国家规划要求,为广西在人工智能基础科学研究与产业应用推广方面铺设了具体路径,包括加强科技引领、统筹布局、市场主导和开放合作等基本原则,旨在通过一系列政策措施,促进广西人工智能产业的快速发展。在此基础上,广西又陆续出台了《广西人工智能产业协同创新实施方案》《广西科技创新"十四五"规划》等相关政策规划和方案,进一步细化了人工智能产业的发展路径和具体目标。2023 年 9 月,广西发布了《广西人工智能产业发展白皮书(2023 年)》,全面总结了广西人工智能产业的发展成就和经验,并明确提出了未来发展方向和目标。

2. 发展基础

广西自 2018 年就开始对人工智能产业进行布局,通过陆续出台相关政策规划,推动了其基础研究和相关产业的发展,为广西布局人工智能未来产业奠定了良好的基础,具体体现在以下三个方面。

一是广西拥有的人工智能企业数量不断增加,呈现上升趋势。据广西大数据发展局统计,截至 2023 年,广西现有存续人工智能相关企业 2447 家,2020 年、2021 年、2022 年、2023 年广西人工智能相关企业数量增长率分别高达 38.12%、41.99%、19.88%、19.77%(见图 6-1)。南宁、柳州、桂林、钦州、北海、玉林等市相关企业数量位居全区前 6 名,显示出较强的产业集聚效应,且企业人工智能相关专利申请量不断增加,2023 年全区人工智能相关专利申请量累计为 1739 件,同比增长 22.81%,广西人工智能产业创新趋势逐渐增强。

第6章 广西未来产业创新发展重点任务

图 6-1　2019—2023 年广西人工智能企业数量趋势

资料来源：《广西人工智能产业发展白皮书（2024 年）》。

二是人工智能产业发展所需的创新资源不断完善。目前，广西共有 787 个已建成或正在建设的数据中心，依托面向东盟的区位优势，人工智能科研机构数量和创新型人才储备量也在不断增加。例如，截至 2022 年年底，中国—东盟信息港鲲鹏生态创新中心与广西 22 所院校开展校企合作，培养鲲鹏人才超过 5000 人，拥有包括中国—东盟（华为）人工智能创新中心、广西产研院人工智能与大数据应用研究所、广西科学院人工智能研究所等在内的 10 家人工智能科研机构。广西开设人工智能专业的院校情况如表 6-1 所示。

表 6-1　广西开设人工智能专业的院校情况

地　区	院　校　名　称
南宁市 （25 所）	广西大学、南宁理工学院、南宁师苑大学、广西民族大学、广西财经学院、广西农业工程职业技术学院、广西农业职业技术大学、广西警察学院、广西民族大学相思湖学院、南宁职业技术学院、南宁学院、广西外国语学院、广西水利电力职业技术学院、广西建设职业技术学院、广西职业技术学院、广西国际商务职业技术学院、广西电力职业技术学院、广西机电职业技术学院、广西工业职业技术学院、广西经贸职业技术学院、广西职业师范学院、广西安全工程职业技术学院、广西经济职业学院、广西信息职业技术学院、广西制造工程职业技术学院
柳州市 （6 所）	广西科技大学、柳州工学院、柳州职业技术学院、柳州铁道职业技术学院、广西生态工程职业技术学院、柳州城市职业学院
崇左市 （5 所）	广西民族师范学院、广西城市职业大学、广西理工职业技术学院、广西自然资源职业技术学院、广西农业工程职业技术学院
桂林市 （5 所）	广西师范大学、桂林电子科技大学、桂林理工大学、桂林信息科技学院、桂林学院

（续表）

地　区	院　校　名　称
钦州市（2所）	北部湾大学、广西英华国际职业学院
梧州市（2所）	梧州学院、梧州职业学院
河池市（2所）	河池学院、广西现代职业技术学院
百色市（1所）	百色学院
贺州市（1所）	贺州学院
玉林市（1所）	玉林师范学院
来宾市（1所）	广西科技师范学院
北海市（1所）	北海职业学院

资料来源：《广西人工智能产业发展白皮书（2023年）》。

三是人工智能产业已经在多个领域进行探索和应用，据不完全统计，人工智能已被应用于制造业、农业、医疗和旅游业等关键领域，并且其应用领域正在不断扩大，已经初步形成了一个人工智能产业体系。

3．产业布局

广西发展人工智能未来产业，可以紧紧围绕以下三个关键方面进行整体布局，以确保广西在人工智能领域的可持续发展。

一是聚焦核心技术创新，着眼于领域的核心技术研发。兴建人工智能核心技术研发中心，并将其作为技术创新的重要基地，从而推动核心技术的突破。设立重点技术攻关项目并予以技术支持，鼓励企业和研究机构参与，通过政策扶持和资金投入，确保关键技术领域的持续进步。确保广西在机器学习、深度学习、自然语言处理等关键领域的技术实力，加强创新能力的培养，推动科技成果的转化和应用。

二是推动人工智能技术在实际产业场景中的广泛应用。明确以智能医疗、智能制造、智能农业、智能交通、智能旅游等为重点产业领域，推动人工智能技术在这些领域的实际应用，提升产业发展水平。设立人工智能示范项目，展示技术应用的成效和潜力，通过示范项目的推广，形成可复制、可推广的成功经验。总结示范项目的成功经验，为其他企业和地区提供借鉴，促进整个产业的升级和发展。

三是构建完善的人工智能产业生态系统，加强产业链上下游的协同合作。在产业链上游，加强对硬件、系统和数据领域基础层的支持，通过政策引导和资金扶持，推动基础层的技术进步和市场扩大；在产业链中游，加快算法、平台、语言处理等技术层的发展，鼓励企业加大研发投入，推动技术层的创新和应用；在产业链下游，促进人工智能与智慧金融、智慧安防等应用层的融合，通过技术融合，推动新兴产业的发展，拓展市场空间。

4. 资源支撑

结合未来产业的发展特征，广西大力发展人工智能产业离不开人才和金融方面的保障。

在人才方面，一是实施专业培训计划，加强与高校的项目合作，推动产业人才引进计划的落实，建立"杰出人才—八桂学者—特聘专家—青年人才"高层次人才培育体系。二是与广西目前开设人工智能专业的52所院校进行产教融合，发展人工智能最需要的算法研究和应用开发型人才。三是促进与长三角、珠三角地区和东盟国家建立完善的教育资源共享机制，引进专业高层次人才。四是进行产教融合。加强广西开设人工智能专业的院校与企业的合作，定向培养算法研究和应用开发型人才，强化学生的实际操作能力和创新思维，满足人工智能行业的实际需求。五是完善教育资源共享机制。与长三角、珠三角地区和东盟国家建立教育资源共享平台，互通有无，引进区域内外的专业高层次人才，充实本地人才库。

在金融方面，一是设立创业、产业发展投资基金，实施贷款优惠政策，通过贷款利率的优惠和信用担保等方式，降低企业融资的门槛和成本。二是强化人工智能项目的资金支持力度，推动其创新成果的转化和落地，进而助推广西人工智能产业实现创新驱动、产业升级的目标，激发企业活力，提升竞争力，对有潜力的人工智能项目给予研发资金支持，推动其创新成果的转化和落地，加速产业化进程。三是推动产业升级。借助金融的力量助推广西人工智能产业实现技术创新和产业结构优化升级，帮助企业拓展市场，增强企业的核心竞争力。

6.2 重实效，推进"有中育新"型未来产业

紧跟重大前沿核心技术和颠覆性技术的发展趋势，结合广西现有的产业基础和技术成熟度，加快释放现代海洋产业、生命健康产业和通用航空产业的潜能。下面主要从政策依据、发展基础、产业布局和资源支撑层面对以上三个未来产业的发展方向进行阐述。

6.2.1 现代海洋产业

1. 政策依据

2023年习近平总书记在广西考察时强调，要充分利用沿海沿江的优势，大力发展海洋经济、临港产业。近年来，广西深入贯彻习近平总书记对广西的重要讲话精神，积极响应"十四五"规划中关于大力发展深海空天等未来产业的号召，紧密结合自身丰富的海洋资源、良好的生态环境及日益完善的交通网络等优势，制定并实施了一系列具有前瞻性和针对性的发展规划与行动方案。先后出台《广西向海经济发展战略规划（2021—2035年）》《广西大力发展向海经济建设海洋强区三年行动计划（2023—2025年）》等发展规划和行动方案，明确指出要强化沿海经济带、西部陆海新通道经济带等支撑作用，持续深入推进北部湾先行区建设，围绕壮大向海产业、建设向海通道、提升海洋科技创新能力等行动，积极拓展海洋发展新需求、新空间，加强建设现代海洋产业体系，构建向海经济发展新格局。

2. 发展基础

广西独特的地理位置——沿海、沿江、沿边，赋予了其无可比拟的发展海洋产业的区位优势。这不仅使广西成为连接中国与东盟的重要桥梁，也是对接粤港澳大湾区的前沿阵地，更是西部陆海新通道的关键节点，其战略地位不言而喻。北部湾经济区的蓬勃兴起，犹如为广西海洋经济的发展添上了强劲羽翼，使其蜕变成为拉动区域经济增长的强力引擎。从资源禀赋来看，广西坐拥长达1600多千米的海岸线，分布着643个海岛，还有数十条港湾。在岸线资源、油气资源、矿产资源、生物资源、渔业资源及旅游资源等诸多方面，均呈现出极为丰富的态势。在海洋产业方面，广西依托得天独厚的资源优势和北部湾经济区的强大支撑，不断加大协同产业发展力度，推动

传统海洋产业升级转型，同时积极培育新兴产业。生物医药产业凭借广西丰富的海洋生物资源，正稳步发展，逐渐成为广西海洋经济领域的崭新增长点。信息产业依靠海洋大数据、云计算等先进技术，持续开拓新的应用场景，不断提升服务质量与效率。新能源产业则以海上风电、潮汐能等可再生能源为基础，积极探寻绿色、低碳的海洋能源开发新模式。这一系列举措，使广西初步构建起了一个多元化、现代化的海洋产业体系。据相关统计，2023年，广西海洋生产总值达2568.4亿元，同比增长9.3%（见图6-2）。海洋经济对全区经济增长贡献率为24.2%，成为拉动全区经济持续健康发展的蓝色引擎。2023年，广西海洋旅游业增加值达475.7亿元，海洋旅游业已经连续6年成为广西海洋经济第一大产业。在科技创新能力方面，广西依托自然资源部第四海洋研究所和广西北部湾大学，积极建设海洋科技创新平台等载体，培养海洋科技人才，建立了热带海洋生态系统与生物资源重点实验室和中国—东盟卫星遥感应用中心（海洋遥感中心）等载体，全区累计获批建设21个省部级涉海科技创新平台。

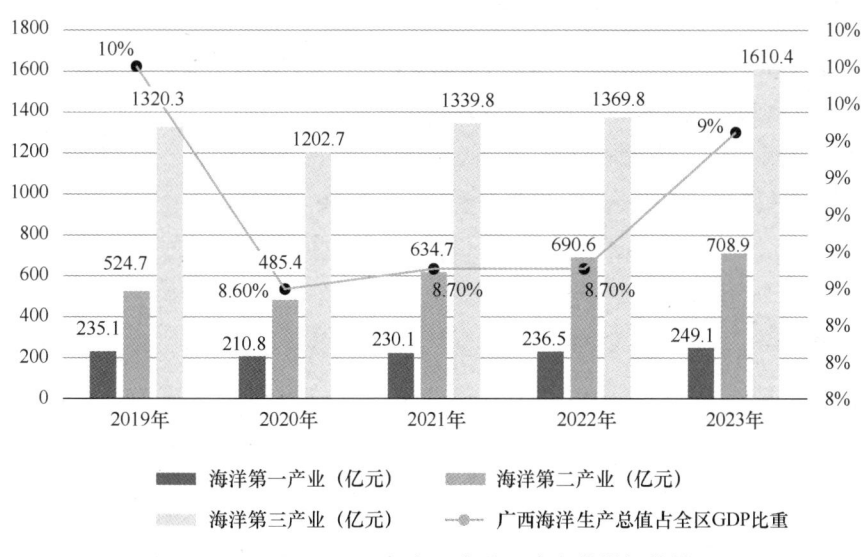

图 6-2　2019—2023年广西海洋三次产业增加值情况

资料来源：广西壮族自治区海洋局。

3. 产业布局

一是以南宁作为区域发展的龙头，利用其省会城市的综合优势，引领海洋科技研发、金融服务、物流枢纽等高端服务业的发展；北海、防城港、玉林及钦州则依托其天然的港口资源和良好的工业基础，成为海洋经济发展的主力军。通过实施一系列优

惠政策，如税收减免、土地优惠、资金补贴等，吸引国内外海洋相关企业入驻临海、临港产业园区，形成涵盖海洋渔业、海洋交通运输、海洋工程装备制造、海洋生物医药、海洋信息服务等多个领域的产业集群。同时，加强产业园区内的公共服务平台建设，如技术研发中心、质量检测中心、信息中心等，促进资源共享与协同创新，推动产业链上下游企业的紧密合作与协同发展，共同提升广西海洋经济的整体竞争力。

二是实施差异化发展战略，打造特色海洋工业集聚区。针对北海、钦州、防城港三市的比较优势，制定差异化的海洋产业发展策略。北海可依托其良好的生态环境和旅游资源，重点发展海洋生态旅游、海洋生物科技及海洋文化创意产业；钦州则利用其深水良港的优势，重点发展海洋交通运输、海洋油气开发及海洋工程装备制造；防城港则凭借丰富的矿产资源和完善的化工基础，大力发展海洋化工、高端金属新材料及食品加工等产业。通过错位发展，避免同质化竞争，实现优势互补，共同打造千亿级海洋工业集聚区，为广西乃至全国的经济增长贡献力量。

三是发挥平陆运河的联动效益，以江海联动释放广西现代海洋产业的优势和潜力，通过构建江海联动通道，加强航运通航能力。此外，加强港口基础设施建设，优化航线布局，提高航班密度和准班率。推动与国内外港口城市的交流合作，扩大航运网络的覆盖范围。四是创新海洋牧场发展模式，推动海洋装备领域发展。打造海洋牧场平台，积极引进桁架式超大型海上浮动平台技术，发展以大型深水智能网箱、养殖工船等为主的海洋装备领域，加快建设海上人工浮岛和保障基地。通过政策扶持和资金投入，推动海洋牧场平台的建设和发展。

4．资源支撑

结合未来产业的发展特征，广西大力发展现代海洋产业离不开人才和金融方面的保障。

在人才方面，一是强化顶层规划布局，依据广西实际情况，精确制定并施行针对海洋科技创新人才的引进与培育专项方案及规划等。同时，开展定期评估工作，及时进行调整，保障人才政策始终契合实际需求，切实发挥效用。二是借助北部湾大学、广西民族大学、广西大学等高校资源，大力推进海洋学科建设，着力培育高技术创新型人才，夯实人才基础，提升人才培养质量。积极推动校企合作，搭建实习实训平台，着重增强学生的实践操作能力与创新能力。另外，通过设立奖学金、提供研究资助等方式，吸引优秀学生投身海洋科学研究领域。三是以项目为引领，依托中国—东盟人才资源开发与合作广西基地等创新平台，深化与东盟国家在海洋人才创新资源方面的合作。积极吸引海洋技术领域的高端领军人才来广西发展，定期举办国际海洋科技论坛、研讨会，促进国际前沿海洋科技成果的交流与共享。

在金融方面，一是优化整合金融政策，考虑将现代海洋项目纳入优先支持项目，加大对现代海洋产业的投资力度，设立海洋产业投资引导基金，引导社会资本向海洋产业集聚。二是多措并举丰富投资方式，鼓励不同投资者设立相关基金，鼓励金融机构开发相关金融信贷产品，鼓励中小企业发行私募债券，用好"桂惠贷—科创贷""桂惠贷—知识产权质押贷"等产品。三是改进信贷服务方式，根据海洋产业的特点，合理设置贷款期限和利率，减轻企业还款压力，推广知识产权质押贷款等产品，拓宽企业融资渠道。合理确定贷款期限、利率和偿还方式。

6.2.2 生命健康产业

1. 政策依据

2022年10月，国务院正式出台了专门面向广西大健康产业的指导文件。文件着重指出，广西应充分挖掘并利用自身极为优越的生态资源、源远流长的长寿文化底蕴及独具特色的区位优势，大力推动银发经济发展。通过促进康养产业与医疗健康、旅游休闲等行业的深度交融，共同打造具有国际影响力的"长寿福地"品牌，从而为广大人民群众提供更为优质、丰富多样的健康养生服务。广西壮族自治区党委、政府高度重视，迅速响应，将发展大健康产业作为服务国家重大战略、推动地方经济社会转型升级的重要抓手。为了高效有序地推进这一战略部署，广西专门成立了大健康和文旅产业工程指挥部，该指挥部由多部门联合组成，旨在通过跨部门协作、资源整合，形成工作合力，统筹规划和指导全区康养产业的发展路径和具体措施。在政策规划方面，广西相继出台和印发了《关于加快大健康产业发展的若干意见》《广西大健康产业发展规划（2021—2025年）》《广西深入推进"壮美广西·长寿福地"康养产业发展三年行动方案（2023—2025年）》，为推动生命健康未来产业发展提供有力的支撑，助力开创新时代壮美广西建设新局面。

2. 发展基础

生命健康产业是我国未来产业发展的重点方向，广西在该领域的发展具有得天独

厚的优势。在卫生资源方面，2023年年末，广西共有医疗机构34905家，同比增加405家。全区卫生人员总数达53.64万人，为广西生命健康产业发展奠定了基础。在生态资源方面，广西气候条件优越，其森林覆盖率位于全国前三名，拥有的药用动植物资源和海洋资源超过7000种，约占全国总资源的1/3，拥有全国"生物资源基因库""天然药库""中药材之乡"等美誉。并且广西拥有"长寿福地·壮美广西"的荣誉称号，长寿资源优势显著，具有许多著名的旅游度假胜地，这使广西在生命健康领域的产业也具有发展潜力。除此之外，生命健康产业一直是广西重点发展的产业和板块。在产业基础方面，广西聚焦养老、医药、食品、运动和旅游等方向，大力实施重点工程和项目，建设一批国家级重大创新平台，积极引进龙头企业和链主企业，吸引其在资金和人才方面给予支持，初步形成了一批医养健康产业集聚地，产业规模逐渐扩大，构建了以健康医疗和健康养老等为核心的大健康产业体系。例如，桂林市通过北京山水盛境国际文旅发展有限公司投资的20亿元建设了漓江甜乡平乐田园综合产业园项目，崇左市通过重庆华邦制药有限公司投资的10.8亿元建设了大新峒那屿湾生态人文度假区项目。据不完全统计，截至2024年，广西康养产业产值已超过3800亿元，已成为支撑广西经济稳增长的新兴产业。

3. 产业布局

一是推动健康旅游示范区建设。充分利用产业基础优势，立足南宁、桂林、柳州等不同城市的产业基础优势，充分发挥各自特色，打造差异化的健康旅游示范区。结合南宁的中医药资源、桂林的旅游资源和柳州的工业基础，形成互补发展的格局。在南宁打造中医药健康旅游核心区，提供专业的中医治疗、养生保健等服务。在桂北地区建设中医药养生养老休闲旅游区。在西江流域发展生态养老旅游区，为老年人提供宜人的养老环境。

二是推动中医药健康旅游城镇建设。一方面可以充分利用南宁、桂林和玉林等城市拥有的中医药资源优势，包括药材种植、医疗技术、科研能力等；另一方面可以积极建设大型城市中医药健康旅游城镇，集医疗、养生、旅游、文化传承等功能于一体。同时还要加强基础设施建设，提高服务质量，吸引更多国内外游客前来体验。

三是推动生物医药与大健康产业发展。围绕广西拥有的生物资源优势，如丰富的中草药资源和独特的民族医药文化，发展生物医药产业。同时，基于广西在生物医药、大健康等领域的战略性新兴产业发展基础，制定长远规划并提供政策支持。此外，大力发展生命信息、健康监控、高端医疗、基因技术、智能诊断和养老服务等重点领域，形成产业链完整、创新能力强的大健康产业集群。

4．资源支撑

一是立足广西生命健康产业发展现状，注重基础制度的创新，制定高于国家标准、与国际接轨的生命健康产品质量标准，确保产品的安全性、有效性和可追溯性，赢得国内外市场的信任与认可。加强政府监管能力，利用大数据、云计算等现代信息技术手段，建立全生命周期的质量追溯系统和风险预警机制，及时发现并处理潜在问题。严厉打击假冒伪劣、虚假宣传等不正当竞争行为，维护公平竞争的市场环境，促进产业健康有序发展。

二是通过出台一系列具有吸引力的优惠政策，如税收减免、土地优先供应、研发经费补贴等，积极吸引国内外生命健康行业的领军企业落户广西。这些龙头企业的入驻，不仅能够带来先进的技术、管理经验和市场渠道，还能通过产业链上下游的整合，带动整个产业的协同发展。此外，充分发挥广西国有企业在产业引领和带动方面的独特优势，鼓励其加大在生命健康领域的投资布局，通过并购重组、合资合作等方式，快速扩大产业规模，提升市场竞争力。同时，利用信贷融资、股权投资等多种金融工具，为龙头企业和国有企业提供充足的资金支持，保障其在技术研发、市场拓展等方面的需求。

三是依托面向东盟建设的开放门户，利用广西的地理优势，加强与东盟国家在生命健康产业领域的合作。引进国际先进的技术和管理经验，提升本地企业的国际竞争力。此外，加强与国内外科研院校等创新主体的合作交流，建立产学研用紧密结合的创新体系。聚焦生命健康基础研究、前沿研究、成果转化等全产业链发展，推动科研成果快速转化为实际生产力。

6.2.3 通用航空产业

1．政策依据

在"十四五"规划明确提出发展未来产业的重点方向之后，2022年6月，民航局印发了《"十四五"通用航空发展专项规划》，为我国通用航空安全、智慧和高质量发展提供了明确思路。广西积极响应国家号召，深入贯彻新发展理念，将通用航空未

来产业视为推动经济转型升级、促进区域协调发展的重要引擎。在《广西战略性新兴产业发展"十四五"规划》和《广西综合交通运输发展"十四五"规划》中，广西明确将通用航空产业置于优先发展的战略位置，提出了一系列具体目标和措施，旨在通过政策引导和市场机制，加速通用航空产业的布局与发展。为了将规划蓝图变为现实，广西制定并实施了《推进广西通用航空产业加快发展实施方案》和《广西壮族自治区民用航空发展规划（2021—2035年）》等一系列具体方案和政策规划，不仅明确了通用航空产业发展的总体思路、发展目标、重点任务和保障措施，还细化了基础设施建设、产业体系构建、航空货运物流发展等方面的具体举措，要努力走出一条符合广西战略定位、体现广西特色的通用航空产业高质量发展的新路。

2. 发展基础

通用航空产业是国家战略性新兴产业的重要组成部分，也是交通强国建设不可或缺的部分，对于服务社会和维护国家安全具有重要意义。近年来，广西深入贯彻交通强国战略要求，加快通用航空发展，现已形成较好的产业规模，为广西下一步发展通用航空未来产业提供了良好的基础。数据显示，截至2023年，广西壮族自治区境内的运输机场数量已达到8个，占全国运输机场总数的3.09%。机场起降架次实现了31万架次的突破，同比增长高达41.6%（见图6-3），体现了广西航空运输能力的显著提升和航班密度的不断优化。同时，旅客吞吐量达到2322.6万人次，同比增长134.3%（见图6-4），货邮吞吐量也实现了21.63万吨的佳绩，同比增长31.8%（见图6-5），通用航空服务经济社会发展能力全面增强。在机场体系建设方面，广西注重优化机场群功能格局，构建了以南宁、桂林两大国际机场为枢纽，北海、柳州机场为重要节点，梧州、玉林、百色、河池等机场为补充的多层次、广覆盖的机场网络。这一布局不仅提升了广西航空运输的整体效能，也为区域协调发展注入了新的动力。与此同时，广西依托南宁临空经济示范区（国家级临空经济示范区），充分发挥其区位优势和政策红利，吸引了众多生物医药、航空物流和航空运营等高端企业入驻，不仅促进了临空经济区的繁荣，也为广西经济转型升级注入了新的活力。

3. 产业布局

在分析广西出台的政策规划和立足广西通用航空产业发展的基础上，借鉴国内外优秀的创新经验，未来广西还可以从以下两方面发展通用航空未来产业。

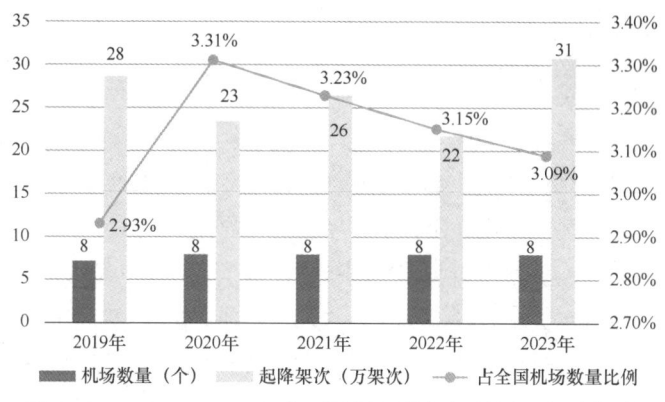

第6章 广西未来产业创新发展重点任务

图6-3 2019—2023年广西民用运输机场数量及起降架次

资料来源：中国民用航空中南地区管理局。

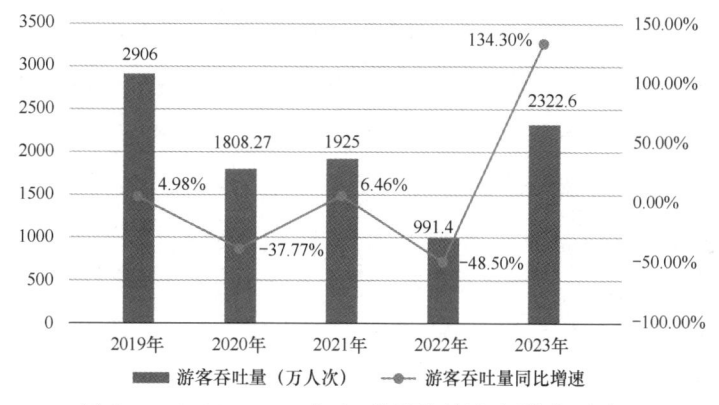

图6-4 2019—2023年广西民用运输机场游客吞吐量

资料来源：中国民用航空中南地区管理局。

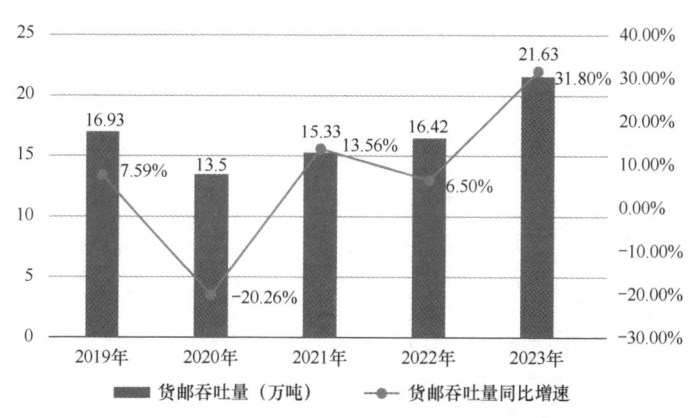

图6-5 2019—2023年广西民用运输机场货邮吞吐量

资料来源：中国民用航空中南地区管理局。

在推进产业发展与创新方面，一是立足南宁高端铝合金新材料及北海电子产业的现有基础，将发展重心置于航空材料研发领域，尤其聚焦于轻质、高强度的新型合金材料。以此为核心，促进产业链上下游企业开展协同合作，助力形成产业集群，进而提升整体产业的市场竞争力。二是充分发挥广西大学、桂林航天工业学院等高校的科研优势，积极筹备并建立通用航空技术研发中心与重点实验室。在这些科研平台中，着重针对航空材料、新型航电设备等关键技术展开深入研究与开发。与此同时，大力推动互联网、大数据、人工智能、区块链等前沿技术与通用航空产业的深度融合，以此提升航空制造业的智能化与信息化水平。三是着力构建以企业为主体、市场需求为导向、产学研用紧密结合的航空制造业研发创新体系，全力促进科技成果的转化与应用。通过制定相关政策加以引导，并提供充足的资金支持，激励企业加大在研发方面的投入力度，注重培养创新型人才，营造良好的创新环境。

在临空经济示范区发展方面，一是立足南宁临空经济示范区创新载体打造通用航空产业的创新载体，吸引航空制造及相关企业集聚发展。加强基础设施建设，提供完善的公共服务，为企业发展创造良好的外部条件。二是注重与中国航空工业集团等航空制造龙头企业的合作，引进先进技术和管理经验，提升本地企业的技术水平和生产能力。三是大力发展飞机零部件制造业，为通用航空产业链提供高质量的配套产品，提升产业链的完整性和竞争力。鼓励企业参与国际分工与合作，拓展国际市场，提高产品的国际市场份额。

4．资源支撑

目前，广西需要在人才和资金方面对通用航空未来产业提供保障。

在人才方面，一是开展多层次、高质量的飞行培训活动，丰富航空教育业态，结合在线课程和模拟飞行等现代教学手段，提高培训效率和质量，并通过举办航空文化科普活动，增强公众对航空的认知，培养航空后备力量。二是利用媒体宣传、行业展会等方式，向外界展示广西通用航空产业的发展潜力和优势。同时，出台一系列优惠政策，如税收减免、住房补贴、子女教育等，吸引飞行、机务、安全监管等领域的专业人才，设立"绿色通道"，简化人才引进手续，为人才提供便捷的工作和生活环境。三是依托高校、企业、政府等创新主体，围绕未来产业特征，协同人工智能、大数据等前沿学科，创新人才培养方式，鼓励企业设立实习基地，为学生提供实践机会，实现教育与产业的无缝对接。

在资金方面，一是设立通用航空产业发展基金，专项用于支持航空研发制造、运营服务等关键环节，对龙头企业和链主企业进行重点扶持，通过贷款贴息、项目资助等方式激励其对通用航空产业的投入。此外，鼓励企业参与国内外航空展览和交流活动，拓展市场，提升品牌影响力。二是优先安排机场建设项目，确保项目顺利推进，并引入社会资本参与机场建设和运营，通过 PPP 模式等方式分散风险，提高资金使用效率。加强与金融机构的合作，探索发行债券、设立基金等多元化融资渠道。三是依托广西现有的投融资平台，整合资源，形成合力，强化政府引导作用，设立通用航空产业投资引导基金，吸引更多的社会资本进入。与银行、保险等金融机构合作，提供低成本、长期限的贷款产品，降低企业融资成本。

6.3 创未来，探索"无中生有"型未来产业

把握未来产业变革趋势，超前部署第三代半导体产业、氢能产业。本节围绕广西在第三代半导体和氢能产业的发展现状，分别从政策依据、发展基础、产业布局和资源支撑层面对其发展方向进行阐述。

6.3.1 第三代半导体产业

1. 政策依据

第三代半导体产业堪称国家引领新一轮科技革命与产业变革的关键力量。它在提升信息传输速率、降低能源消耗、增强设备稳定性等诸多方面，性能表现卓越。更为重要的是，它是支撑 5G 通信、新能源汽车、智能电网、航空航天等战略性新兴产业发展的关键基础材料。为牢牢抓住这一历史机遇，广西积极响应国家号召，紧密围绕《"十四五"数字经济规划》和《"十四五"国家信息化规划》的战略指引，立足自身实际情况，制定并颁布了一系列旨在推动第三代半导体产业发展的政策规划。在《广西战略性新兴产业发展"十四五"规划》中，广西明确把第三代半导体产业置于战略性新兴产业发展的核心地位，提出了"超前布局、重点突破、协同创新、引领发展"的总体思路。为进一步细化发展目标与实施路径，《广西战略性新兴产业发展三年行动方案》更为具体地提出，要加强先进封装前沿基础研究，聚焦氧化锌等第三代半导体材料，以此推动广西战略性新兴产业发展。

2. 发展基础

第三代半导体是实现传统产业转型升级的重要基础，广西在设备、材料、制造、应用等全产业链发展方面具有显著的资源优势和产业优势。在自然资源方面，广西拥有种类多、储量大的矿产资源，其中铝和锡矿产资源最为突出，除此之外，广西还拥有丰富的水资源和能源资源，截至2023年，广西境内共有1517.7亿立方米的地表水资源、409.5亿立方米的地下水资源和550亿千瓦时的水电资源。在创新资源方面，广西拥有较多的创新主体和人才等资源，截至2023年，广西拥有13所涉及半导体产业链的工程技术中心、9所广西重点实验室和多所有色金属加工基地等创新载体，具有诸如广西桂芯半导体科技有限公司、广西启世半导体有限公司等企业创新主体，广西大学、桂林理工大学和桂林电子科技大学等科研院所创新主体，并且据不完全统计，广西拥有一万多名半导体人才。在产业基础方面，围绕第三代半导体在实现传统产业转型升级、支撑电子信息产业发展所发挥的作用，根据相关数据，2023年广西第三代半导体产业产生的经济价值显著提升，其引领作用持续增强，并且产生了具有千亿级规模的工业产业集群。

3. 产业布局

在资源与材料开发方面，一是充分利用广西丰富的矿产资源，特别是与半导体制造相关的稀有金属和矿物，为碳基芯片材料产业提供原料保障。加强对石墨烯、碳纳米管等前沿材料的研究和开发，推动其在半导体领域的应用，提升产品性能和附加值。二是布局先进材料产业。结合国内外市场需求和技术趋势，积极布局石墨烯、碳纳米管等碳基芯片材料产业，培育新的经济增长点，并鼓励企业与科研机构合作，共同开发具有自主知识产权的关键技术，提高在全球价值链中的竞争力。

在技术研发与创新方面，一是支持企业通过EDA/IP工具参与对半导体与集成电路的研发。建立设计工具共享平台，减少中小企业的研发成本，促进创新资源的共享和优化配置。二是开展"经典+半导体"超融合计算系统的关键技术及应用研究，探索新型高性能计算架构。与高校和研究机构合作，共同攻克技术难题，打造国内领先的新型高性能半导体平台，服务于大数据、云计算等新兴领域。三是进行封装技术突破。积极布局减薄砂轮、蓝膜等封装材料产业链，确保封装工艺的高质量和低成本。加大对划片机、贴片机等先进封装设备的研发力度，重点突破先进封装技术，提升产品的可靠性和生产效率。四是鼓励企业与高校合作，针对性地从人工智能、汽车电子等半导体应用领域聚焦研发,特别是在汽车和 AI 算力芯片的研发上。推动产学研用深度融合,加快科研成果的转化,满足市场对于高算力、低功耗芯片的需求。

4. 资源支撑

一是深化产学研合作,强化人才培养与供给。通过加强与国内外顶尖高校、科研院所及行业领军企业的深度合作,共同打造广西半导体芯片创新中心、产学研用合作基地等多元化平台。这些平台不仅将成为技术创新与成果转化的重要载体,更将承担起培养全半导体产业链所需专业人才的重任。通过定制化课程、实习实训、项目合作等多种形式,高校将深度融入产业需求,确保学生掌握最前沿的技术知识和实践技能,为产业输送具备高度专业素养和创新能力的复合型人才。

二是构建多主体协同创新体系,提升国际竞争力。打造一个涵盖高校、科研院所、企业及行业协会等多方参与的创新生态系统。通过整合各方资源,建设一批具有国际先进水平的重大研究测试平台,聚焦第三代半导体材料的核心技术和关键共性难题,开展联合攻关。

三是优化政策环境,激发企业创新活力。加大对从事 EDA/IP 工具研发的半导体与集成电路企业的研发资助比例,对从事芯片设计、芯片产品流片的半导体与集成电路企业给予低息的信贷融资贴息,对开展工程样片测试验证分析及自主产品销售的半导体与集成电路企业给予配套资助和奖励,鼓励企业进行技术创新和市场拓展。

四是秉持开放合作的理念,积极寻求与国际先进国家和地区的合作机会。广西计划通过引入国外领先的半导体技术、先进设备及成熟的管理经验,快速提升本地区半导体产业的整体实力。同时,持续完善政策体系,致力于为半导体产业的发展营造优良的政策环境,以此保障产业能够稳健、健康地发展壮大。

6.3.2 氢能产业

1. 政策依据

我国将氢能视为未来能源体系中的关键一环,其清洁、高效、可再生的特性,使其在全球能源转型和应对气候变化的背景下显得尤为重要。为此,国家制定了《氢能产业发展中长期规划(2021—2035 年)》,旨在通过一系列政策引导与扶持,推动我国氢能产业实现技术飞跃、产品普及与基础设施网络的全面构建。近年来，广西积极响应国家号召，深刻认识到氢能产业对于推动地方经济转型升级、实现绿色低碳发展的重大意义。为此，广西连续出台了多项政策文件，包括《广西能源发展"十四五"规划》《广西战略性新兴产业发展"十四五"规划》及专门针对氢能产业的《广西氢能产业发展中长期规划（2023—2035 年）》等政策文件，指出要抢占氢能产业发展先机，加快构建氢能全产业链条。依托广西沿海化工产业集聚和可再生能源丰富的优势，大力推进多元化绿色化规模化制氢，加快完善氢能基础设施建设，积极推动氢能全场景应用，做好氢能关键技术研发与引进，全力打造"氢新广西"。

2. 发展基础

首先，广西氢能品种齐全且制氢资源充足。得益于其沿海地区的独特地理位置，广西的石化、化工、钢铁等重工业产业密集布局，这些行业在生产过程中产生的工业副产氢成为广西氢能的重要来源。据统计，2024 年广西全区通过工业副产方式制取的氢气量约为 30 万吨，这一数字不仅彰显了广西在氢能供应方面的雄厚实力，也为氢能产业的进一步发展奠定了坚实的物质基础。此外，广西在可再生能源领域的快速发展也为氢能产业提供了强有力的支持。随着风电、光伏等可再生能源技术的不断成熟和成本下降，广西的可再生能源发电装机总容量持续攀升，2024 年年底已超过 4200 万千瓦，位居全国前列。同时，广西在可再生能源消纳方面也表现出色，消纳责任权重高达 49.30%，位列全国第六，这充分说明了广西在推动能源结构转型、提高清洁能源利用比例方面的决心和成效。丰富的可再生能源为电解水制氢等绿色制氢方式提供了广阔的空间，进一步增强了广西氢能产业的可持续发展能力。

其次，广西在氢能应用领域的发展也呈现出蓬勃发展的态势。近年来，广西区内的新能源汽车领军企业，如广西玉柴、东风柳汽、上汽通用五菱等，纷纷将目光投向氢能这一未来能源的重要方向，不仅加大了在氢燃料电池汽车领域的研发投入，还实现了从技术研发到产品量产的跨越式发展。这些企业推出的多款氢燃料电池乘用车、厢式物流车等，不仅丰富了市场选择，也展示了广西在氢能汽车技术上的创新实力。这些车辆以其零排放、长续航、高效能等优势，正逐步成为推动绿色交通、减少碳排放的重要力量。此外，这些企业还积极与高校、科研院所等开展产学研协同创新，共同攻克氢能技术难题，提升技术创新能力。

最后，氢能正在广西的多元化领域中展现出广泛的应用前景和发展潜力。在工业领域，氢气作为化工原料、合成燃料、供热、发电等多种利用方式，正在促进区内工业企业的转型升级和绿色发展。例如，钦州华谊、中石化和中石油等石化企业及广西钢铁集团等钢铁企业，通过引入氢能作为生产过程中的重要能源，不仅降低了能耗和排放，还提高了生产效率和产品质量。在交通领域，氢能作为新能源汽车的理想燃料，正逐步替代传统燃油汽车，成为未来交通出行的重要选择。目前，广西已建成多座加氢站，并投入运营了一定数量的氢燃料电池汽车，形成了多个具有示范意义的应用场景，如东盟博览会氢能大巴、来宾电厂园区通勤巴士及中石化南宁新阳"油气氢电服"综合功能站等。

3. 产业布局

当前氢能源的开发利用已经取得一定进展，尤其是以燃料电池为代表的交通领域是氢能源应用的突破口，为实现全场景零碳排放提供了可行方案。广西应抓紧西部陆海新通道、中国（广西）自由贸易试验区等重大机遇，拓展全场景氢能应用示范，构建"两区一带"氢能产业格局。

首先，推动产业全流程先导区建设。一是充分利用产业基础，结合南宁、钦州、北海、防城港等地的产业基础，重点发展与氢能相关的制造业，如制氢设备、储氢材料等，并通过政策引导和资金支持，鼓励企业加大研发投入，提升氢能产业的技术水平和产业链完整性。二是发挥新能源资源优势，利用广西丰富的太阳能、风能资源，发展可再生能源制氢，减少对化石能源的依赖。同时，建设太阳能光伏电站和风电场，为氢能产业提供清洁、可持续的电力供应。三是优化区位条件，依托广西沿海、沿边的地理优势，加强与东盟国家的能源合作，共同开发跨境氢能基础设施，并利用港口和物流优势，发展氢能进出口贸易，打造国际氢能交易中心。

其次，推进桂东北绿氢应用示范区建设。一是在柳州、桂林、梧州等地，遵循"就近制取、就近使用"的原则，降低运输成本，提高能源利用效率；二是优先发展绿色氢气生产，推广绿色能源消费，构建绿色、低碳的能源体系；三是多元应用场景拓展，在城市公共交通领域，推广使用氢燃料电池公交车、出租车等。在工业领域，探索氢气在冶金、化工等行业的应用。

最后，带动氢能装备研发制造产业带发展。一是支持南宁、柳州、钦州、防城港、玉林、贵港等地的新能源装备制造业发展，形成产业集群；二是依托现有汽车、船舶制造业基础，发展氢燃料电池汽车和船舶，推动产业转型升级；三是构建完整的氢能产业链，包括氢气生产、储运、加注、应用等环节，并建立氢能标准体系和检测认证中心，保障氢能产品的质量安全。

4. 资源支撑

一是制定并实施一系列推动广西氢能产业发展的策略，充分利用本地龙头企业的优势，依托这些企业在资金、技术和市场方面的雄厚实力，快速推动氢能产业的发展。二是积极培育和引进优秀青年人才，通过与国内外高等院校、科研机构、企业等合作，引进氢能领域的专家和技术人才，组建广西氢能专家库，鼓励企业和科研院所对接国内外氢能领域顶尖专家，为广西氢能产业发展提供强有力的人才支持。三是发挥投资基金的引导作用，政府应积极吸引私人和公共资本投资氢能产业，形成多元化的投资主体，为产业发展提供充足的资金支持，并充分利用金融政策推动氢能产业发展。例如，通过"碳减排贷款""绿色信贷"等金融政策，鼓励金融机构扩大贷款规模，为氢能产业提供优惠的融资条件。四是积极参与国家燃料电池汽车示范城市群或氢能试点城市项目的申报和建设，这将有助于广西在国家层面获得更多政策支持和资源倾斜，加速广西氢能产业的成长。五是优化产业结构，构建完善的氢能产业链，包括发展氢能的生产、储存、运输和应用等环节，形成完整的产业生态。通过优化产业布局，促进上下游产业的协同发展，推动上下游企业之间的合作与交流，从而形成产业集群效应，提升整个产业链的竞争力，并建立完善的产业监测和预警机制，及时掌握产业发展动态，为政府和企业提供决策依据，确保产业的健康发展。

第 7 章
广西未来产业创新发展八大工程

7.1 加强规划引导,推动产业升级

7.1.1 明确重点发展方向,强化产业政策引导

一方面,广西产业结构呈现出"三二一"的布局态势,其中,第三产业在经济结构中占据主导,第二产业紧随其后,第一产业占比相对较小。基于此产业结构特征,广西应着重推动现代服务业的发展,尤其是在高技术服务业、金融业、信息服务业等重点领域。同时,要充分发挥广西在制糖、有色金属、机械、汽车、冶金、建材等传

统优势产业领域的基础优势，不断巩固和提升产业竞争力。此外，积极挖掘潜力产业，大力培育新材料、新能源电池、新能源汽车等新兴产业，为广西经济的持续增长注入新动力。另一方面，以国内外先进地区的产业政策为参考，加快研究和制定诸如《广西未来产业三年行动计划（2023—2025年）》《广西未来产业先导区建设方案》等政策、规划，明确布局未来产业的重点方向，如高新技术、绿色低碳等，设定各领域的发展目标，包括产业规模、技术水平等，并制定实现发展目标的具体任务，如技术研发、市场推广等。制定产业发展路径规划，包括产业规模、技术水平、市场竞争力等多个方面。同时，建立健全产业发展的监测和评估机制，定期收集产业发展数据，根据监测和评估结果，及时调整和优化政策措施，确保产业发展始终沿着正确的方向前进。

7.1.2 借鉴国内外先进经验，统筹规划产业发展

首先，深入研究国内外先进地区的创新案例，借鉴先进的创新模式，结合广西实际情况进行本地化改造。加强与先进地区的交流合作，通过建立常态化的沟通机制，及时获取最新的行业动态和技术趋势，同时能够吸引更多的资金、技术和人才向本地区汇聚。其次，立足广西未来产业发展态势，制定全区产业发展的总体规划，明确发展目标和路径，实施重大项目，带动产业链上下游协同发展。明确战略性新兴产业的先导作用，选择具有战略意义的新兴产业作为重点发展方向，通过战略性新兴产业的发展，引领传统产业升级和转型。打造产业集群，形成产业生态，提升整体竞争力。通过政策扶持、资金投入、人才培养等方式，加速其发展和成熟，为经济转型升级打下坚实的基础。再次，促进主导产业的转型升级也是构建未来产业体系的关键。传统产业如制造业、农业等，仍然是经济的重要组成部分，通过引进先进技术和管理理念，推动传统产业向高端化、智能化、绿色化方向发展，提高附加值和市场竞争力。最后，积极布局未来产业，前瞻性地规划和培育那些有潜力成为未来经济增长点的产业，包括新材料、数字经济、健康产业等。通过相关措施和手段，加快形成以"未来产业—战略性新兴产业—主导产业"为主的梯队产业结构。

7.1.3 拓展新兴产业空间，加大产业发展力度

为进一步拓展战略性新兴产业的发展版图，全力推动未来产业加速发展，广西立足自身前沿技术与产业发展的实际情况，综合研判发展趋势，将发展重心聚焦于人工

智能、新能源汽车及新材料等重点产业领域。首先，人工智能作为引领未来发展的关键技术之一，其在智能制造、智慧城市建设等领域的应用将极大地提升广西地区的科技创新能力和产业竞争力。因此，应构建人工智能产业发展的良好生态，包括建立研发中心、创新孵化平台，以及吸引国内外顶尖人才加盟，共同推动人工智能技术的研究与应用。其次，通过集中资源和政策扶持，打造集研发、制造、销售于一体的新能源汽车产业集群，形成从关键零部件制造到整车生产的完整产业链。作为绿色经济的重要组成部分，新能源汽车产业要加快建设以柳州为中心的新能源汽车城。再次，应依托广西丰富的矿产资源和良好的工业基础，加快新材料的研发和产业化步伐，尤其是在高性能合金、新型建筑材料等领域寻求突破，以满足航空航天、新能源等高端制造业的需求。最后，通过战略性新兴产业和未来产业的协同发展，为支柱产业赋能，如制造业、农业等广西经济的基础，通过引入新技术、新模式，可以推动这些支柱产业的转型升级，使其更加适应现代经济的发展需求。

7.1.4 发挥场景创新作用，培育产业竞争优势

利用产业政策的引导力量，确保供需两端更有效地对接，并利用场景创新来加速未来产业竞争优势的培养。产业创新遵循多种模式，随着对创新规律的深入理解，以及经济行为的复杂性增加和市场竞争的加剧，创新模式也在不断进化，循环型创新模式变得日趋普遍。知识生成、技术创新和产业创新之间越来越多地展现出相互作用和协同发展的螺旋式上升循环。技术的发展不仅需要创造条件来促进其被发明，还需要持续地推动新技术的应用和广泛传播。然而，新技术的应用和扩散常常面临用户需求不足的挑战。为了扩大新技术的市场需求，政府通常会采取诸如政府采购、用户补贴等措施。这些措施在一定程度上能够对市场失灵提供补偿，但由于链条过长、用户参与技术创新的程度低、创新主体之间的互动不频繁等问题，技术创新的迭代进程受到了限制。场景创新能有效地解决这些局限性。场景创新侧重于新技术的创造性应用，并通过供需之间的有效联动来实现，从而加速教育、科技与产业之间的循环，促进新技术的快速迭代和产业的迅猛发展。

未来广西加大科技应用场景开发可以聚焦以下几个方面。一是面向未来生产生活方式，聚焦未来城市、未来工厂、未来市场等领域，建设新技术、新产品中试基地和应用测试空间，提供集成创新和产业应用试验条件。二是实施产业跨界融合工程，创造新的应用场景和消费需求，加大未来技术跨学科、跨领域拓展应用，打造若干未来

技术应用和未来产业融合场景。三是着力构建一套完整且科学的"早期验证—融合试验—综合推广"场景应用创新体系。通过专业的试验环境与严谨的测试流程，积极推动经过初步验证的技术与产品，通过不同场景下的反复试验与多元场景深度融合，在实际应用场景中检验其稳定性、兼容性及与现实需求的匹配度。四是持续加大对未来产业新产品、新应用、新服务的首台套、首批次、首版次推广应用力度，积极组织专业团队深入调研市场需求与行业痛点，精准定位新产品、新应用、新服务的推广方向与重点领域。持续出台针对性强、力度大的应用推广政策，推动未来产业创新成果快速实现规模化应用，助力产业发展。

场景创新在我国呈现加速发展势头，但需要不断优化场景创新实践。强化示范场景的建设力度，同时建立健全多样化的场景实现机制，以及灵活的场景动态调整机制，以适应不断变化的市场需求和技术进步。此外，应大力推动虚拟创新平台的建设，利用数字技术打破传统创新链条中的时空壁垒，让政府、大学、科研机构、企业乃至用户等多元化创新主体能够在同一虚拟空间内无缝对接，实现跨地域、跨行业的协同创新与资源共享。

7.2 用好创新载体，提升创新能力

7.2.1 明确产业重点需求，攻克前沿关键技术

围绕未来产业发展的关键需求，以促进前沿技术和共性关键技术的显著提升为核心目标。首先，建设广西未来产业工程实验室、重点实验室、工程技术研究中心等创新载体，并遵循高起点规划、高标准建设的基本原则。广西未来产业工程实验室将专注于未来产业的核心技术研究；重点实验室则专注于攻克制约产业发展的关键共性技术难题，通过跨学科、跨领域的协同创新，打破技术瓶颈，为产业升级提供有力支撑；工程技术研究中心则侧重于将实验室研究成果转化为可实际应用的技术和产品，推动科技成果的工程化、产业化进程，加速形成新的经济增长点。其次，积极推进与国内外知名高校、研究机构及行业龙头企业的合作，加强创新载体的建设和运营效率。通过引入先进的科研设备和优秀的科研团队，不断提升这些载体的研发水平和创新能力。同时，鼓励企业参与创新载体的建设和运营，促进产学研用的深度融合，加快科技成果的转化应用。再次，建立"学科+产业"创新模式，以大学科技园为载体布局一批省级未来产业科技园，有条件的大学科技园重点布局1~2个未来产业发展方向。支持

有条件的高新区、经开区做大做强未来产业集群，按照"成熟一个、培育一个、建设一个"的思路，布局建设自治区级未来产业先导区。最后，利用自身与东盟国家的地缘优势，加快建立面向东盟区域的科技创新合作区。通过建设一批具有国际竞争力的创新平台、共性技术平台和中试基地，广西将进一步开放配置国际创新资源，增强原始创新和自主创新的能力。同时，这些平台还将为广西企业"走出去"提供有力支撑，推动广西科技产品和服务在国际市场上的拓展与应用。此外，推行包容审慎监管，对未来产业中的市场主体实施信任监管、触发式监管、大数据监管等新型监管措施，鼓励各类投资主体、经营主体参与未来产业发展。

7.2.2 实施重大科技项目，提供发展支持保障

实施未来产业重大科技项目，以促进区域经济增长、提升产业结构和增强创新能力。首先，可以参考杭州"一事一议"的模式，明确选择标准，确保项目具有战略价值。通过构建科学的评价体系，准确识别出那些真正具有战略价值的项目，包括对项目的发展前景、带动性、技术创新程度等进行全面评估。其次，优化资源配置，提高使用效率。在项目实施过程中，要确保资源的高效利用，避免浪费和重复投资。政府部门应加强资源管理，合理分配资金、人才等资源，确保项目能够按照既定目标顺利推进。再次，加强项目监管，防止项目拖延和资源闲置。加强项目监管是确保项目按照既定目标和时间节点推进的重要手段。政府部门应建立健全项目监管机制，定期对项目进展情况进行检查和评估，对于出现拖延和资源闲置的情况，要及时采取措施予以解决，确保项目能够按计划有序推进。最后，鼓励企业进行技术创新，形成核心竞争力。通过政策指导和财政支持，激励企业进行技术革新。政府能够提供一系列优惠措施，如税收减免和研发资金补助，以鼓励企业增加研发投入，从而培养独立创新能力。此外，政府还可以建立技术创新平台，促进企业与大学、研究机构等的合作，共同推进技术革新和产业发展。

7.2.3 完善公共服务平台，提供技术研发支撑

完善公共服务平台，以更好地服务于广大企业和社会各界。首先，致力于搭建先进技术研发支撑体系。积极推动一批专业化与市场化兼具的未来产业概念验证中心、中试验证平台的建设工作。着重强化这些平台在技术熟化、工程化放大、原型制造及可靠性验证等转化服务方面的能力，为企业开展高水平的研究与开发工作创造有利条

件。凭借这些平台，企业能够有效降低研发成本，显著提升研发效率，进而加快新产品的上市进程。与此同时，助力符合条件的由财政资金资助所形成的科技成果，顺利实现向企业的转移与转化。其次，提供全面的检测认证服务。为确保产品和服务的质量与国际标准接轨，还应提供全面的检测认证服务，包括产品质量检测、安全认证、环保认证等，确保企业的产品能够顺利进入国内外市场，提升企业的国际竞争力。再次，提供知识产权保护和管理服务。知识产权是创新成果的重要保障，应重点提供知识产权的保护和管理服务，包括专利、商标、版权等的申请、维护和维权服务，从而激发企业的创新活力，保障创新成果的商业利益，促进知识产权的转化运用。此外，支持有条件的高校、科研院所设立专门的技术转移机构，采取专利等技术成果作价入股、先使用后付费等多种方式，加速科技成果向企业转化。最后，构建支撑未来产业发展的实验室体系。通过构建一系列自治区重点实验室、技术研究中心等基础设施，集中优势资源，聚焦前沿技术、颠覆性技术、引领性技术等领域的研究，推动科技创新的边界不断扩展。此外，通过搭建科技成果转化的桥梁，促进产学研用的深度融合，缩短科技成果从实验室到市场的距离。这将使企业能够更快地将科研成果转化为实际的生产力，推动产业升级和经济发展。

7.2.4　紧扣内部发展需求，实施人才引进战略

创新驱动的实质，归根结底在于人才驱动。人才，作为知识的载体与创新的源泉，是推动社会进步、产业升级的根本力量。因此，打造一支高素质、专业化的创新人才队伍，对于促进广西未来产业发展具有不可估量的重要意义。首先，优化人才生态环境，构建一套全面、系统、具有吸引力的政策体系。在优惠政策方面，应出台更加灵活、更具吸引力的税收减免政策，减轻人才的经济负担；同时，提供优厚的住房补贴，确保他们能在广西安居乐业。除了优惠政策，薪酬与福利体系也是吸引人才的关键。应建立与市场接轨、具有竞争力的薪酬制度，确保人才的劳动价值得到充分认可与回报。其次，搭建高水平发展平台，激发创新活力。建立一批具有国际影响力的科研机构、创新创业园区等，为人才提供一流的科研设施、实验条件和创业环境。通过这些平台，人才可以更加便捷地获取前沿科技信息、开展跨学科合作与交流，从而加速创新成果的转化与应用。再次，全力深化国际科技合作与交流，以此提升创新能力。广西具备独特的区位优势，应充分加以利用，积极投身各类国际科技合作与交流活动，认真学习并借鉴国际上的先进经验与技术成果。通过与国际知名的科研机构、高校及

企业搭建合作桥梁，共同开展科研项目的攻坚工作，携手进行人才培养等相关事宜，以此提升广西的科技创新水平及在国际上的竞争力。此外，应大力鼓励并支持本土企业大胆"走出去"，积极参与国际竞争与合作，本土企业可通过设立海外研发中心、拓展国际市场等举措，提升自身在国际上的影响力与竞争力（王优优，2024）。最后，着力营造创新文化氛围，充分激发全民创新热情。创新并非仅仅是科技工作者肩负的责任与使命，更是全社会共同的责任与追求。广西应致力于营造一个尊重创新、鼓励探索且对失败持包容态度的创新文化环境。通过举办科技创新周、开展科普宣传活动等多种形式，广泛普及科学知识，大力弘扬科学精神，从而激发广大民众的创新热情与创造力。

7.3　壮大产业主体，提升产业效能

7.3.1　强化产业园区引领，发挥辐射带动作用

通过"腾笼换鸟"和"筑巢引凤"引进未来产业"链主企业"，引进具有强大引领作用的企业，推动产业链的完善和升级，进而带动整个区域经济的发展。首先，深化"腾笼换鸟"，加速产业转型升级。通过科学规划与政策引导，对区域内现有的产业结构进行全面梳理与评估，精准识别并淘汰那些高能耗、低效益、环境污染严重的落后产能，为高新技术和战略性新兴产业的入驻腾出宝贵的发展空间。在此过程中，应注重资源的高效配置与循环利用，推动传统产业向智能化、绿色化、服务化方向转型升级。其次，强化"筑巢引凤"，优化投资营商环境。通过打造良好的投资环境和政策优势，吸引国内外优秀企业来广西落户，包括提供优惠的税收政策、完善的基础设施、优质的服务体系等，为企业提供一个稳定、公平、透明的投资环境。此外，持续完善基础设施建设，提升城市综合承载能力，包括加强交通网络建设、优化能源供应体系、完善信息网络布局等，为企业发展创造更加便捷、高效、舒适的生产生活条件。再次，聚焦"链主企业"，打造产业集群优势。通过引进具有强大引领作用的未来产业"链主企业"，带动上下游企业共同发展，形成产业集群。最后，遵循链式思维，规划产业发展蓝图。为了实现这一目标，我们需要按照"源头创新—技术转移和转化—产品开发—场景应用—产业化—产业集群"的链式思维来规划产业发展，按照百亿级、千亿级规模，大力培育和发展未来产业集群，加强高新示范区的引领作用，通过辐射和带动整个广西的发展，将其建设成创新驱动发展示范区、高质量发展先行

区，有助于广西在激烈的国内外竞争中占据有利地位，为社会经济的高质量发展注入新的动力。

7.3.2 加大技术研发投入，培育重点优质企业

首先，牢牢把握未来产业关键技术研发这一核心环节，整合调配优势资源，把有限的资源精准聚焦于具有战略重要性的产业方向，尤其注重关注那些能够引领整个产业实现升级突破，且拥有广阔市场拓展空间的技术领域，如人工智能、新能源汽车、生物医药等重点领域。积极引导现有行业中的头部企业，前瞻性地布局未来产业的前沿阵地。加大力度，加速引进具有高成长性的创新型企业。全力支持企业发挥主导作用，联合科研院校共同搭建未来产业创新联合体，着力培育出一批在未来产业发展中能够发挥"链主"引领功能的企业。其次，通过多元化渠道增加研发投入。通过政府资助、企业自筹、社会融资等多元化渠道，大幅增加对未来产业关键技术研发的投入，确保研发活动有足够的资金支持，为技术创新提供强有力的保障。同时，鼓励企业与高校、科研机构等合作，共同推动技术研发和创新。再次，实现一系列拥有自主知识产权的核心技术和关键技术的突破，为产业发展提供坚实的技术支持，增强产业的核心竞争力。注重搭建产学研用相结合的创新平台，促进科研成果的快速转化和应用，推动技术从实验室走向市场。最后，探索开展产业培育赛马制，利用市场竞争机制筛选重点领域最具竞争力的技术、产品和企业予以支持（胡拥军，2023）。建立企业精准挖掘机制，主动发掘和培育未来产业领域高技术、高成长、高价值企业。按照十亿级、百亿级规模，将战略性新兴产业和重点产业集群作为发展重点，大力培育和发展"专精特新""小巨人""隐形冠军"等类型的企业，助力这些企业成为产业发展的主力军。同时，梯度构建"科技型中小企业—高新技术企业—瞪羚企业"体系，推动不同层次的企业相互促进、共同发展。

7.3.3 搭建数字智能平台，充分发挥产业效能

首先，鼓励柳工、玉柴等大中型国有企业搭建数字平台，通过引入先进的信息技术和智能化设备，实现产业链的信息化、智能化，提高生产效率和市场响应速度。同时，构建创新联盟，形成创新共同体。由这些国有企业牵头构建创新联盟，联合高校、研究机构和其他企业，形成创新共同体。通过共享资源、技术交流和合作攻关，联盟成员能够共同研发新技术、新产品，推动行业的技术进步和产业升级，形成良性的企

业发展生态。其次，发挥国有企业的赋能和孵化作用。利用国有企业的资源和平台优势，为中小企业和初创企业提供技术支持、资金投入和市场渠道，通过赋能和孵化作用，这些企业能够快速成长，提升自身的创新能力和市场竞争力。再次，实施龙头企业做大做优做强计划。坚持以培育和发展龙头企业作为壮大"工业树"和繁茂"产业林"的主线任务，通过实施龙头企业做大做优做强计划，推动这些企业成为行业的领军者。最后，打好"扶、引、育"组合拳。通过扶持现有龙头企业，引导其向更高目标发展，并培育新的龙头企业，形成良性循环的生态环境，推动行业的健康发展。此外，推动创新联盟内的资源共享、技术交流和合作攻关。充分利用龙头企业规模大、数量多、带动性强的作用和优势，发挥其在创新联盟中的引领作用。通过推动联盟内的资源共享、技术交流和合作攻关，加速创新成果的转化和应用，从而推动整个行业的技术进步和产业升级。

7.3.4　深化专业分工协作，壮大产业内生力量

专业化分工与协作作为现代化经济体系的核心驱动力，不仅是经济持续增长的不竭源泉，更是引领未来产业转型升级与高质量发展的关键引擎，不仅能够促进资源的高效配置，还极大地激发了市场活力与创新能力，为经济的繁荣与社会的进步奠定了坚实基础。首先，专业化分工在知识积累与技能提升方面展现出显著优势。通过细分工作任务，个体与企业能够聚焦于自身专长，减少在非核心领域的资源消耗，从而加速专业知识的积累与深化。这一过程不仅降低了学习新技能的初始成本，还促进了知识在全社会范围内的快速传播与共享，为经济体系的整体知识存量增长注入了强劲动力。其次，专业化分工促进了多样性与创新生态的构建。在高度专业化的环境中，不同领域的知识与技术如同一块块拼图，当它们以创新的方式组合在一起时，便能创造出前所未有的新产品、新服务乃至新产业。这种组合式创新的范式，不仅拓宽了产业发展的边界，还为消费者提供了更加丰富多元的选择，满足了其日益增长的个性化需求。同时，多样性的增加也为市场带来了更强的韧性与适应性，使经济体系在面对外部冲击时能够更快地恢复并找到新的增长点。再次，专业化分工还通过内生性地创造新需求，推动了需求与供给的良性循环。随着专业服务品质与效率的不断提升，消费者对于高质量产品与服务的需求也会增长。这种需求的扩大不仅为企业提供了广阔的发展空间，还进一步激励了企业加大研发投入，从而形成了需求与供给相互促进、共同提升的良性互动机制。在这一过程中，消费者的满意度与忠诚度不断提高，为经济

的持续增长提供了坚实的市场基础。最后，还需要严格维护所有者的合法权益和知识产权，为专业化的分工合作提供强有力的法律保护和激励体系。同时，积极倡导契约精神，提升人力资本和社会资本的质量，营造一个诚信、开放、合作的良好社会氛围，为深化分工协作创造更加有利的社会环境。

7.4 推动应用示范，引领产业发展

7.4.1 推进行业试点示范，探索产业发展路径

推进行业试点示范是探索未来产业发展路径和模式的关键步骤。首先，对接国家未来产业技术研究院和先导示范区。通过与国家未来产业技术研究院和先导示范区的对接，可以获取最新的技术动态和政策支持，有助于广西更好地了解未来产业的发展趋势和需求，从而制定更为合理的发展规划。同时，广西作为中国西南地区的重要省份，拥有独特的地理优势和资源优势。在新能源汽车产业方面，广西已经具备了一定的产业基础和发展潜力，利用这些优势，广西可以在新能源汽车产业发展上取得更大的突破。其次，开展新能源汽车融合发展试点。在南宁市、柳州市等城市开展新能源汽车融合发展试点，培育一批融合示范企业，这些企业将成为新能源汽车产业的领军者，带动整个产业的发展（朱绍鹏等，2013）。同时，试点项目还将提升未来产业服务能力，扩大行业影响力。通过试点示范项目的开展，广西可以总结出一套可复制、可推广的经验和模式，这些经验和模式将为广西乃至全国的新能源汽车产业发展提供重要参考。最后，加强政策引导和资金扶持。政府应加强政策引导和资金扶持，鼓励企业参与试点示范项目，通过优惠政策和资金支持，激发企业的积极性和创造力，推动试点示范项目的成功实施。此外，建立监测和评估机制，对试点示范项目的进展进行定期检查和评估，及时发现问题并采取措施解决，确保项目的顺利推进和取得预期效果。

7.4.2 发挥市场拉动作用，引导未来产业发展

首先，充分发挥市场需求在广西未来产业发展中起到的拉动作用，通过市场引导产业发展方向，深入研究市场需求，了解消费者的需求变化和趋势，为产业发展提供方向。同时，加强市场信息的收集和分析，为企业提供准确的市场信号，引导企业调整产业结构，优化产品供给。其次，政府应发挥引导作用，搭建平台，促进企业、高

校、科研院所等创新主体之间的合作，通过实施科技项目，推动产学研用深度融合，共同探索重点产品的示范应用和运营模式。通过政策引导和资金支持，鼓励创新资源向企业集聚，特别是向中小企业倾斜，提升其创新能力和市场竞争力。再次，建立有效的激励机制，吸引高层次人才和团队加入产业创新。开拓国内外市场，特别是共建"一带一路"国家和地区的市场，扩大产品的市场份额，鼓励企业通过电子商务等新型业态，拓宽销售渠道，提升品牌影响力。最后，加大对企业研发的投入和支持，特别是对关键核心技术的研发，通过设立研发基金、提供税收优惠等方式，激励企业增加研发投入，提升自主创新能力。鼓励企业进行技术创新，特别是在新产品、新工艺、新材料等方面，推动企业管理创新，提高企业的管理效率和市场响应速度。通过重点产品的示范应用，积累经验，完善技术，形成可复制、可推广的模式，加强与政府部门、行业协会的合作，推动创新产品的市场应用。

7.4.3　搭建未来产业集群，促进产业协同发展

搭建人工智能、生命健康、现代海洋等重点领域的国家级未来产业集群，是推动产业升级、提升产业链竞争力的重要战略。一方面，制定明确的产业发展规划，明确集群的发展定位、重点领域、阶段性目标和长远愿景。同时，加强与国家战略的深度对接，确保集群建设能够融入国家发展大局，获得更多政策红利与资金扶持。政府部门应设立专门机构或工作小组，负责与国家相关部委的沟通协调，确保集群建设得到国家层面的认可与支持。另一方面，促进产业链上下游企业的紧密合作，从而实现资源共享和优势互补。政府部门应发挥桥梁作用，通过组织行业论坛、技术交流会、供需对接会等活动，促进产业链各环节企业之间的信息交流与合作。同时，鼓励企业建立战略联盟或产业联合体，通过共享研发资源、生产设施、销售渠道等，实现资源优化配置与效益最大化。此外，应建立健全产业链风险预警机制，共同应对市场波动、技术变革等挑战，确保产业链的稳定与可持续发展。

针对产业集群内的重点企业，政府和相关部门应提供更加个性化、精准化的服务。同时，建立企业成长档案，跟踪企业发展动态，及时提供定制化支持；加大对创新型企业的扶持力度，通过设立创新基金、提供税收优惠等方式，鼓励企业加大研发投入，推动技术创新与产业升级。此外，实施未来产业集群发展重大项目，建立健全"双招双引"工作机制，配强招引工作力量，综合运用龙头企业、商协会、会展、基金、场景、驻外机构等招商渠道和方式，招引落地一批技术攻关、产业化、创新和公共服务

平台等标志性项目；强化未来产业项目协调调度，优化项目服务和要素保障，推动更多项目尽快形成实物工作量，持续扩大未来产业有效投资。政府部门应联合企业、高校、科研院所等多方力量，共同推进项目实施。实施这些重大项目，不仅能够推动产业集群内企业的技术创新与产业升级，还能够吸引更多国内外优质资源向集群汇聚，进一步提升集群的竞争力与影响力。

7.4.4 搭建产品展示平台，吸引优质项目投资

首先，定期举办技术展示和产品发布会。企业通过参加技术展示和产品发布会，可以向公众和潜在客户展示其最新的研发成果。为企业提供与市场直接接触的机会，使企业能够更好地了解市场需求和趋势。同时，企业还可以通过这些活动获取宝贵的用户反馈，为产品的改进和优化提供参考。其次，技术展示和产品发布会也是企业与同行业进行交流和学习的机会。企业通过这些活动可以了解行业最新的技术动态和市场趋势，与其他企业分享经验和教训，促进企业之间的合作与竞争，推动整个行业的共同发展。再次，创新论坛为专家学者、企业家和政策制定者提供了一个深入探讨技术创新和产业发展的平台。参与者可以分享最新的研究成果，讨论技术创新对经济社会发展的影响，提出政策建议。这种深入的讨论有助于共同推动技术创新和产业发展，为政府和企业提供决策参考。最后，为了确保应用示范项目的实施效果，定期评估和总结是必不可少的环节。通过对项目的成效和存在的问题进行分析，可以了解到项目实施的效果及需要改进的地方，根据评估结果调整策略和措施，不断优化应用示范项目的实施方案，提高项目的实施效果，进而更好地发挥其示范和引领作用。此外，通过举办技术展示、产品发布会、创新论坛等活动及对应用示范项目的评估和总结，可以不断推动技术创新和产业发展。这些活动和评估有助于促进企业之间的合作与竞争，推动技术创新和产业升级。

7.5 借鉴外部经验，打造创新平台

坚持以科技创新为基本原则，把握南宁、柳州等地区作为创新核心城市及广西高新技术开发区优化升级所带来的机遇，高水准地规划建设如未来产业集聚区、未来产业特色小镇和未来产业孵化基地等产业创新平台。

7.5.1 深圳龙华观澜高新园

深圳龙华观澜高新园作为未来产业发展的标杆，其成功经验为广西打造未来产业集聚区提供了宝贵的借鉴。首先，明确产业定位，聚焦未来趋势。广西未来产业集聚区应紧跟全球科技发展趋势，明确以生命健康、机器人、智能装备、航空航天等前沿产业为核心，兼顾人工智能、生物医药、移动智能终端和智能制造等具有高增长潜力的细分领域。通过精准定位，确保资源向最具潜力和前景的产业倾斜，形成特色鲜明、优势突出的产业集群。其次，广西未来产业集聚区应坚持创新引领，构建以企业为主体、市场为导向、产学研深度融合的技术创新体系。鼓励企业加大研发投入，推动研发机构建设与高校、科研院所开展深度合作，共同攻克关键核心技术，提升产品和服务的附加值与竞争力。再次，积极整合企业、高校、科研机构等多方资源，形成发展合力。加强基础设施建设，提升园区承载能力，为入驻企业提供一流的硬件条件和软件服务。同时，完善园区配套服务，如金融服务、法律咨询、知识产权保护等，营造便捷、高效、安全的营商环境。最后，加强对广西未来产业集聚区的宣传推广力度，利用多种渠道和平台展示园区的独特优势和良好发展态势。通过举办产业论坛、展览展示、项目路演等活动，吸引国内外投资者、企业和人才的关注与参与。同时，积极争取政府和社会各界的支持，为园区的发展注入更多动力与活力。

7.5.2 杭州西溪谷区块链小镇

在探索广西科技创新与产业升级的新路径时，我们可以充分学习并借鉴杭州西溪谷区块链小镇的成功模式。首先，聚焦区块链底层协议的研发、智能合约的设计、分布式账本技术的优化等关键领域，不断推动技术创新与突破。积极搭建技术应用与转化平台，鼓励企业探索区块链在供应链管理、金融服务、医疗健康、智慧城市等多元化场景中的深度应用，加速区块链技术从实验室走向市场的步伐，实现技术的规模化、商业化落地。其次，营造开放包容的创新氛围，吸引国内外顶尖区块链及人工智能领域的人才汇聚于此。通过建立产学研合作机制，与知名高校、科研机构紧密合作，共同培养具有国际视野和创新能力的高层次人才，为产业发展提供源源不断的人才支持。再次，构建完善的政策支持体系，为入驻企业提供包括税收优惠、资金扶持、融资对接、市场拓展等在内的全方位服务。这些政策不仅降低了企业的运营成本，更激发了企业的创新活力，促进了产业链上下游企业的紧密合作与协同发展，共同打造了一个

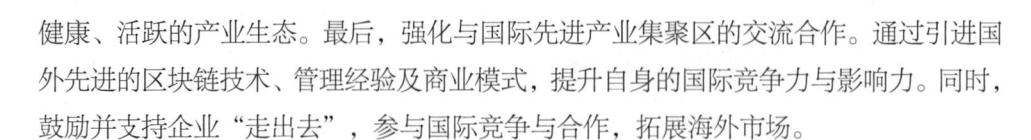

健康、活跃的产业生态。最后，强化与国际先进产业集聚区的交流合作。通过引进国外先进的区块链技术、管理经验及商业模式，提升自身的国际竞争力与影响力。同时，鼓励并支持企业"走出去"，参与国际竞争与合作，拓展海外市场。

7.5.3 杭州萧山区智能制造孵化基地

在探索广西科技创新与产业升级的新路径时，我们可以深刻借鉴杭州萧山区与微软中国合作成功模式的精髓，即深度融合人工智能、大数据等前沿技术，构建智能制造孵化基地的实践经验。首先，致力于培育并壮大一批市场化运作的科技服务主体。通过政府引导与市场机制相结合，鼓励社会资本参与科技服务体系建设，形成多元化、多层次的科技服务网络。同时，加强科技服务机构与企业的紧密合作，提供包括技术咨询、知识产权服务、投融资对接等在内的全方位科技服务，为企业的创新发展保驾护航。其次，强化科研资源协同与共享。为了充分发挥科研院所和高校在科技创新中的重要作用，应积极引导这些科研资源丰富的主体与产业界建立更加紧密的合作关系。通过设立技术转移机构，搭建科研成果与市场需求之间的桥梁，促进科研成果的及时转化与应用。此外，还可以探索建立科研资源共享平台，打破信息壁垒，实现科研设备、数据资源、人才团队等的共享共用，提高科研资源的利用效率，加速科技创新的步伐。再次，打造特色鲜明的产业孵化平台。围绕广西的优势产业和未来发展方向，重点打造一批具有地方特色和产业特色的产业孵化平台。这些平台不仅可以提供物理空间上的支持，还应在资金、技术、市场等方面给予入驻企业全方位的支持。引入专业的运营团队和导师团队，为初创企业提供战略规划、团队建设、市场拓展等方面的指导与帮助，助力其快速成长。最后，推动新型研发机构建设。这些机构应更加注重跨学科、跨领域的协同创新，聚焦前沿技术和关键共性技术的研发与突破。通过引入国内外顶尖科研团队和人才，建立高效的科研管理和激励机制，激发科研人员的创新活力。

7.5.4 世界主要经济体

1. 美国

美国在未来产业的战略规划中，不仅专注于新兴科学技术的进步，更强调运用科技力量支撑国家在经济、能源、健康等关键领域的需求。美国期待通过不同未来产业之间的融合与交叉，催生更为先进的生产资料和技术手段，从而产生显著的正向溢出效应和积极的外部性,不断推动相关上下游产业的扩展和升级。这一过程还将带动教育、医疗、交通和通信等关键行业发生根本性变革,进一步巩固美国在未来产业发展中的领导地位。我们可以借鉴美国的经验与做法。

一是加大重点领域的投入力度,通过设立专项基金、提供税收优惠、加大研发补贴等方式,显著提升对人工智能、量子信息科学等关键领域的投资规模。二是建立灵活的科研项目管理机制,鼓励跨学科、跨领域的合作研究,加速技术创新与突破。此外,加大对基础教育的投入,提升教育质量,为高等教育和职业发展奠定坚实基础。三是在高等教育阶段,鼓励高校开设与人工智能、量子信息科学等前沿领域相关的专业课程,并与企业、科研机构建立紧密的产学研合作,为学生提供实习实训机会,培养具备实战经验和创新能力的复合型人才。四是除了完善自身教育体系,应积极引进国外先进的教育理念和教育方式,包括但不限于在线教育、项目式学习、翻转课堂等新型教学模式,以及以学生为中心、注重个性化发展的教育理念。同时,加强国际交流与合作,邀请国外知名学者和教育专家来华讲学、交流经验,促进教育理念的更新和教学方法的改进。

2. 欧盟

近年来,随着新一代信息技术的不断演进,欧盟为提高其在国际舞台上的竞争力,以及振兴欧盟的经济体系,陆续在人工智能、量子计算、自动驾驶车辆、生物科技、低碳技术、数字化健康、氢能技术、下一代通信网络、航空航天科技、纳米科学等诸多前沿领域进行了战略布局。我们可以借鉴欧盟的经验与做法。

一是构建多元化的财政支持体系,包括政府拨款、企业投资、风险投资、社会捐赠等多种资金来源,确保科研活动获得稳定且可持续的资金支持。建立科学的评估与监督机制,确保资金使用的有效性和透明度。二是加大对教育领域的投入,特别是高等教育和职业教育中与科技创新相关的学科专业。建立健全人才流动机制,打破地域、行业、机构之间的壁垒,鼓励科研人员、技术专家和学生在国内外进行学术交流、合作研究和实践锻炼。三是通过提供奖学金、研究资助、国际实习等机会,吸引和培养具有国际视野和创新能力的优秀人才。四是加大对创新基础设施的投资力度,优化资源配置和布局。通过建设一批高水平的科研平台、中试基地和产业园区等,为科技创新提供有力支撑。加强不同领域、不同机构之间的合作与共享,提高创新资源的利用效率。

3. 德国

德国政府根据本国的产业基础和对未来的预期，通过增加对基础科学研究的投资和提升科技创新能力，将国家战略的重点放在了以下几个方面：加强数字化基础设施的建设，以弥补在信息化时代的不足；巩固并提高国家工业制造业的地位，打破传统工业面临的困境；专注于清洁能源的发展，目标是成为氢能技术领域的领先者。我们可以借鉴德国的经验与做法。

一是加大基础科研和重点领域的投入，鼓励科研机构和企业开展前沿技术研究，特别是在人工智能、生物技术、清洁能源、智能制造等具有战略意义的领域。二是在必要时加强政府对经济的引导和调控，通过政策扶持、税收优惠、金融支持等多种手段，激发市场活力，推动经济快速发展。三是建立健全监管机制，确保政府干预的合法性和有效性，避免过度干预带来的负面影响。四是进一步优化企业发展所需的制度环境，包括简化审批流程、降低企业运营成本、加强知识产权保护、完善税收制度等方面。五是加强政府与企业之间的沟通与合作，建立常态化的对话机制，及时了解企业需求，为企业提供更加精准有效的服务。构建持久且高效的数字化基础设施，促进创新和负责任的数据利用，提升数据相关技能并培育数据文化。

4. 英国

英国凭借其在创新能力、人才资源、基础设施、商业环境及地方经济五大发展优势，在全球未来产业竞争中取得领先地位。2019年，英国工程和物理科学研究委员会更是确立了包括靶向医疗和化合物半导体在内的13个未来制造业研究中心，这些中心将早期研究成果转化作为重点工作，以加速未来制造业对新技术和新商业模式的接纳与应用。我们可以借鉴英国的经验与做法。

一是设立专门机构或跨部门协调机制，负责整合各方资源，制定长远的发展蓝图和阶段性实施计划。这一规划应涵盖基础研究的选题方向、资金投入、人才培养、成果转化等各个环节，确保基础研究能够紧密对接国家发展战略和市场需求，加速科技成果从实验室走向市场的步伐。二是建设世界一流的科研设施、实验室和数据中心，推动科研仪器设备的共享共用，提高科技资源的使用效率和效益。三是加强与国际科技基础设施的互联互通，积极参与全球科技合作与交流，提升我国在全球科技创新体系中的地位和影响力。四是加强5G技术的研发和创新，推动其在交通、能源、医疗、教育等领域的深度融合应用。通过构建基于 5G 技术的智能网络体系，实现对全国基础设施建设的全面赋能和智能化升级，提高基础设施的运行效率和管理水平，为经济社会发展提供更加坚实有力的支撑。

7.6 促进空间协同，形成完整布局

7.6.1 发挥首府龙头作用，形成辐射带动作用

充分发挥首府南宁的龙头作用，以首府南宁为龙头，通过其经济实力和辐射能力，带动发展包括北海、钦州、防城港、玉林、崇左在内的广西北部湾城市群。首先，南宁需要通过引进和发展高新技术产业，如信息技术、生物科技和新材料等，来促进产业结构的优化和升级。这不仅能够提升南宁自身的经济实力，还能通过产业链的延伸和技术的转移，带动周边城市的产业转型和升级。其次，南宁还应加强与国内外科研机构和高等院校的合作，建立技术创新平台和孵化器，鼓励科技创新和成果转化。这样的举措将有助于形成以南宁为中心的创新网络，为广西北部湾城市群的持续发展提供技术支撑。此外，主动对接周边城市，建立更加紧密的经济合作关系，形成产业互补和资源共享的局面。再次，通过共建产业园区、交通基础设施和信息平台等，加强城市间的互联互通，提升整个广西北部湾城市群的整体竞争力。最后，南宁应在产业升级、技术创新、人才集聚等方面发挥引领作用，主动对接周边城市，将广西北部湾城市群逐渐打造成一个高效、协同、创新的核心组团。随着南宁在产业升级、技术创新、人才集聚等方面的引领作用日益凸显，广西北部湾城市群将逐渐形成一个高效、协同、创新的核心组团。这个核心组团将成为广西未来产业发展的坚实基础，不仅能够吸引更多的投资和项目，还能够在全球产业链中占据更有利的位置。

7.6.2 发挥平陆运河优势，促进产业融合发展

平陆运河作为一个交通枢纽和物流通道，其潜力远不止于简单的货物转运。该运河的"产业运河"功能，是其深层次价值的体现，意味着它不仅是连接各地的水上通道，更是产业发展和融合的催化剂。为了充分发挥这一功能，需要从多个维度进行深入探讨和实践。首先，平陆运河的交通便利和区位优势是其作为"产业运河"的基石。优化运河的航运服务，提高船舶的通行效率，可以显著降低物流成本，吸引更多的企

业和产业聚集。同时，通过实现与周边公路、铁路等交通网络的无缝衔接，构建起一个立体化的交通体系，为运河沿线产业的融合发展提供坚实的支持。其次，在运河沿线规划建设产业集聚区，特别是重点发展与运河运营直接相关的产业，如船舶制造、维修、物流配送等。同时，鼓励与这些产业相关联的上下游企业入驻，形成完整的产业链条。根据运河沿线各地的资源禀赋和文化特色，培育发展特色产业，如特色农业、水产品加工、文化旅游等，打造具有地方特色的产业集群。再次，利用运河沿线的自然资源和地理优势，推动风能、太阳能等新能源产业的发展，打造清洁、低碳的能源供应体系；凭借运河沿线的物流优势，发展新材料产业，尤其是那些对物流成本较为敏感的重化工业材料，如特种金属、高性能合成材料等；鼓励沿线城市发展智能制造产业，运用大数据、云计算、物联网等先进技术，提高制造业的智能化水平。最后，通过政策引导和市场机制，优化产业布局，避免重复建设和无序竞争，实现资源的高效配置。在产业发展的同时，注重环境保护和生态修复，确保运河及其周边地区的生态平衡，实现绿色发展。鼓励社会各界参与运河的开发利用，确保产业发展成果惠及沿线居民，促进社会和谐稳定。

7.6.3　依托高新产业园区，促进区域协同发展

首先，依托南宁、桂林、柳州、北海等国家级高新区，谱写区域科技创新与经济发展新篇章。通过在这些高新区内强化关键核心技术研发，如实施6G创新工程、人形机器人突破工程、脑机接口融合应用工程、合成生物创新引领工程、人工智能大模型创新应用工程等重点工程，构建产学研用紧密结合的创新体系，推动科技成果高效转化与应用，这不仅能够催生一系列拥有自主知识产权的高新技术企业和产品，还能有效促进产业链上下游企业的协同发展，形成强大的产业集聚效应，为广西经济的持续健康发展注入强劲动力。其次，通过优化物流网络布局，提升通关便利化水平，加强国际物流合作，广西将逐步构建起辐射国内外的物流枢纽体系。沿着西部陆海新通道、珠江—西江经济带和湘桂走廊的发展轴线，广西将进一步深化与周边省区及东盟国家的产业合作与资源共享。通过跨区域协同创新，推动产业链、供应链、价值链深度融合，形成优势互补、协同发展的区域经济新格局。再次，强化桂柳城市组团未来产业布局，结合各城市资源禀赋和比较优势，合理布局新兴产业和先进制造业，促进产业结构优化升级。鼓励企业加大研发投入，加强技术创新和品牌建设，提升产品附加值和市场竞争力，打造具有国际影响力的产业集群。建立创新平台和机制，激发城

市创新活力。最后,推动建设南柳桂北自主创新示范区,打造具有国际竞争力的创新平台。通过深化科技体制改革,优化创新生态环境,激发创新主体活力,示范区将成为科技成果转化和产业化的重要基地。同时,示范区还将发挥辐射带动作用,促进区域内外的创新合作与资源共享,推动形成区域内部优势互补、协调发展与共同繁荣的良好局面。这不仅有助于提升广西在国内的竞争力地位,还将为广西在国际舞台上赢得更多的话语权和影响力。

7.6.4 集聚优势产业资源,激发创新创造活力

首先,促进产学研深度融合。鼓励企业、高校和科研院所共同建立创新平台,如联合实验室、研发中心等,为创新项目提供实验场地、设备和技术支持。建立资源共享机制,使企业能够利用高校和科研院所的科研设施、数据库和专业人才,降低研发成本,提高研发效率。建立产学研一体的人才培养体系,通过实习、工作坊、研讨会等方式,让学生和科研人员直接接触生产一线,培养具有实践经验和创新能力的人才。其次,政府应出台相关政策,对在创新方面取得显著成果的企业和科研单位给予奖励,如税收减免、资金支持等,以此激发其创新动力。创建良好的创新环境,包括举办各类创新大赛、论坛,为创新人才提供交流的平台,同时为企业和科研机构提供展示创新成果的机会。同时,通过技术转移、成果转让等方式,将科研成果快速转化为生产力,实现经济效益。最后,选择具有发展潜力的新兴产业,根据广西的经济特点和资源优势,制定产业发展规划。为新兴产业提供政策上的支持,包括资金投入、税收优惠、土地使用优先权等,降低企业的创业成本和风险。通过市场机制引导资源向新兴产业集聚,如设立产业发展基金,引导社会资本投资新兴产业。针对新兴产业的特点,培养相应的人才,包括技术研发人才、管理人才等,为产业发展提供人力支持。

7.7 整合优质资源,推进开放创新

7.7.1 依托信息港载体,吸引外部技术资源

立足建设中国—东盟信息港载体,深化区域合作与数字创新。首先,加大对信息港硬件设施的投资力度,包括建设高标准的数据中心,确保海量数据的快速处理与安全存储;优化通信网络布局,实现信息的高速传输与无缝对接;构建云计算平台,满足各类用户的不同需求。同时,注重硬件设施的维护与升级,确保其始终保持在行业

领先水平，为信息港的持续发展奠定坚实基础。在硬件设施不断强化的同时，软件环境的优化同样重要。例如，制定科学合理的信息港发展规划与管理制度，明确发展目标与路径；加强知识产权保护，营造公平竞争的市场环境，等等。其次，提升服务能力，打造专业高效的数字服务平台。通过深入了解客户需求，定制化开发服务产品，提供更加精准、专业的服务解决方案。同时，强化与国际著名企业的合作与交流，吸收其先进服务理念与管理经验，以提高自身的服务质量和竞争力。此外，应建立完善的服务评价体系与激励机制，鼓励员工积极参与服务创新和实践，构建一个良性循环的服务生态系统。再次，吸引高端数字创新资源，构建数字创新高地。制定优惠政策与措施，吸引区内外的高端数字创新资源向信息港集聚，包括设立创新孵化中心、加速器等载体平台；举办国际性的数字创新大赛与论坛活动；加强与国内外知名高校、科研院所及企业的合作与交流；推动产学研深度融合与协同创新等。最后，为了实现创新资源的共享与优化配置，我们需要建立企业、高校及科研院所等创新主体之间的合作机制。通过搭建信息共享平台与技术交流平台等载体平台、推动产学研合作项目的落地与实施、加强人才交流与培养工作等举措的实施，将能够打破信息壁垒与资源孤岛现象促进创新要素的自由流动与优化配置，从而实现创新资源的最大化利用与效益的最大化发挥。这将为中国—东盟信息港的建设与发展提供更加坚实有力的支撑与保障。

7.7.2 充分利用地缘优势，共同推进区域发展

充分利用紧靠粤港澳大湾区和面向东盟的地缘优势，通过加强与粤港澳大湾区和东盟之间的科技创新合作，共同推进区域经济发展。首先，通过签署政府间协议、合作协议等正式文件，明确双方在科技创新合作方面的共同目标、合作领域及具体方式，为双方合作提供坚实的法律与政策保障。这些协议应详细规定合作项目的选择标准、资金支持机制、成果共享原则等关键条款，确保合作过程的有序进行和合作成果的公平分配。同时，建立定期会晤与沟通机制，及时解决合作中遇到的问题与挑战，推动合作不断深化。其次，对符合条件的企业和高校研发机构，给予税收减免，降低其研发成本。设立专项资金，支持企业和高校的研发活动，提高其创新能力。出台优惠政策，吸引高层次人才加入研发机构，提升其创新水平。再次，根据国家和地方经济发展需求及科技创新趋势，明确各实验室、研究中心和创新平台的定位和发展方向。加大对这些机构的投入力度，确保其拥有充足的资金支持和先进的基础设施。同时，建

立和完善这些机构的管理体制和运行机制，提高管理效率和服务水平。通过引入市场竞争机制、建立绩效考核体系等措施，激发机构内部的创新活力和发展潜力。最后，定期更新实验设备和技术手段，确保科研人员能够使用到最前沿的科研工具和方法。建立科研资源共享机制，实现设备、数据、知识等资源的优化配置和高效利用。通过建设科研资源共享平台、举办学术交流活动等方式，加强科研人员之间的信息交流与知识共享，促进技术创新与产业升级的深度融合。

7.7.3 借鉴外部成功模式，推动产业深度合作

深圳在航空航天未来产业领域与航天科技集团合作成立的航天科技创新研究院，是一个成功的范例，其不仅促进了科研成果的快速转化，还吸引了众多具有竞争力的科研机构和人才。借鉴这一经验，我们可以考虑在广西复制这一模式。首先，建立产学研用合作机制，明确各方职责和权益，确保合作的顺利进行。以项目为驱动，推动企业、高校和科研院所共同参与科技创新和成果转化。实现资源共享，包括科研设备、人才、技术等，提高资源利用效率。其次，结合广西本地产业发展需求与航天科技前沿趋势，挑选一批具有战略意义和市场潜力的科研项目进行重点支持，通过设立专项基金、提供税收优惠等措施，降低企业的研发成本，激励其增加研发投入。搭建科技成果展示与交易平台，畅通科研成果从实验室到市场的快速通道。设立专门的成果转化服务团队，提供法律咨询、市场分析、融资对接等一站式服务，加速科技成果的商业化进程。再次，出台优惠政策，吸引海内外高层次科技人才加入。加强人才培养，通过实习、工作坊等方式，让学生和科研人员接触生产一线，培养具有实践经验和创新能力的人才。最后，鼓励技术创新，支持企业和科研院所开展前沿技术研发，推动传统产业升级，通过技术创新提高产业附加值，整合产业链上下游资源，形成产业集群，提高整体竞争力。

7.7.4 加强专业人才培养，健全人才创新体系

首先，深化广西未来产业人才国际合作与交流，构建全方位创新生态体系。人才作为第一资源，其与国际、国内顶尖研究机构的紧密合作与交流显得尤为关键。这不仅要求积极搭建高层次人才交流平台，鼓励和支持本地未来产业人才走出国门，参与国际前沿科技对话与合作项目，同时需要吸引全球范围内的顶尖人才与团队落户广西，共同探索未知领域，推动科技创新与产业升级。其次，健全创新体系，促进

多要素协同融合。面对未来产业的高度不确定性和复杂性，构建一套灵活高效、协同联动的创新体系至关重要。这要求在组织和制度层面进行深刻变革，打破传统界限，促进产业、学术、科研、教育及实际应用（政产学研用）之间的深度融合与互动。通过建立跨部门、跨领域的协调机制，确保各类创新资源的高效配置与共享，形成从基础研究到技术应用，再到市场推广的全链条创新生态。再次，创新组织模式，孵化未来产业新增长点。积极探索并设立跨学科的新型创新组织，打破学科壁垒，鼓励不同领域专家学者的跨界合作，通过交叉学科研究激发新的创意与灵感，创造出具有颠覆性的新知识、新技术。同时，这些创新组织应成为未来产业孵化的重要载体，通过提供资金、技术、市场等多方面的支持，助力新兴产业的快速成长与壮大。最后，积极融入全球创新网络，与世界各国顶尖研究机构和企业建立广泛的合作关系。通过引进国际先进技术和管理经验，提升本地创新能力和水平；将本土的优秀创新成果推向世界舞台，参与国际竞争与合作。在推动开放式创新的过程中，要特别注意平衡好原始创新、集成创新和开放式创新之间的关系，确保在吸收外部创新资源的同时，不失去自身的创新主导权和发展主动权。

7.8 外引内培并举，强化人才支撑

7.8.1 实施产业专项奖励，吸引外部高水平人才

实行未来产业人才引进奖励专项项目，通过加大支持力度，确保有足够的资源吸引优秀人才。首先，设立客观、公正的评审机制，确保奖励对象的选拔既公平又精准，避免主观臆断和不公正现象。提供足够的奖励力度，使获奖者能够充分感受到其辛勤努力和卓越成就得到了应有的认可和回报。保持奖励过程的公开透明，接受社会监督，确保奖励的公正性和权威性，增强社会公信力。其次，优化扶持方式，建立开放性广、灵活性强的人才吸引机制。根据不同人才的特点和需求，提供个性化的支持方案，确保每位人才都能处于最适合自己的发展环境，根据人才发展和市场变化，灵活调整扶持政策，确保政策的时效性和适应性，满足人才不断变化的需求。鼓励和支持人才与高校、科研院所等机构的合作，形成多元化的创新合作机制，促进知识和技术的共享。再次，提供多元化的支持措施，解决人才的后顾之忧。为引进人才提供住房补贴、优先购买政策或税收优惠，减轻其生活压力，使其能够更专注于工作。最后，明确引才目标，重点针对掌握核心技术的顶尖人才和院士，提高引才的精准度。加强与国际顶

尖科研机构和人才的联系与合作，提升我国科技创新的国际影响力。为引进的顶尖人才和院士提供荣誉称号和社会地位，激发其创新动力，推动科技进步。实施如"院士入桂"等计划，吸引院士担任咨询专家，为企业解决技术难题。

7.8.2　提高人才培养质量，完善人才服务保障

首先，建设产教融合创新平台。制定相关政策，鼓励高校、科研院所与企业合作，共同建设产教融合创新平台，实现高校、科研院所与企业之间的资源共享，包括师资、科研设备、技术等。同时，建立产学研合作绩效评估体系，对表现突出的合作项目进行表彰和奖励，形成良好的示范效应。以项目为驱动，促进产学研用紧密结合，提高学生的实践能力和创新能力，鼓励学生参与企业实际项目，将理论知识与实践操作相结合，提升学生的实践能力和创新能力。其次，培育具有实践经验和创新能力的未来产业基础人才。加大实践教学环节的比重，通过案例教学、模拟实训、项目驱动等多种方式，让学生在实践中学习和掌握知识。加强与企业的合作，建立稳定的校外实习基地，为学生提供更多参与企业实际工作的机会。创新教育应贯穿人才培养的全过程。高校应开设创新课程，培养学生的创新思维和创新能力；举办创新竞赛和创业大赛，激发学生的创新热情和创造力；设立创新基金，支持学生开展创新项目和创业活动。通过校企合作，让学生提前了解企业需求，掌握行业动态，增强就业竞争力。同时，高校应加强与就业市场的联系，提供就业指导服务，帮助学生顺利实现就业。再次，建设产业研发平台。为人才提供实验场地、研发设备等硬件支持，创造良好的研发环境；提供技术咨询、市场分析等软件服务，帮助人才更好地开展研发工作。推动研发成果的转化和应用，提高研发效益。最后，激励企业与高校、科研机构联合培养紧缺人才。企业与高校、科研机构应签署详尽的合作协议，明确各方在人才培养过程中的责任和权益。确保合作各方能够按照协议内容履行各自职责，保障合作的顺利进行；共建实习基地和研发中心，为学生提供实践和研发的机会。同时，培养具有开拓性和创新能力的紧缺人才。建立选拔机制，选拔具有创新潜力的人才进行重点培养；制订个性化的培训计划，满足不同人才的发展需求；建立激励机制，对取得突出成绩的人才给予奖励。

7.8.3　优化人才培养策略，提供成长发展空间

青年科学家作为科技创新的中坚力量，其引进和培养显得尤为重要。为了激发青

年科学家的创新活力,我们需要注重对青年科学家的引进和培养策略。首先,持续给予科研资助。为青年科学家提供稳定的科研资助,确保其能够长期从事科研工作。针对具有创新性和前瞻性的科研项目,提供专项资金支持。设立专门的人才培养资金,用于支持青年科学家参加国际学术交流、合作研究等活动。其次,设立表彰激励机制。对取得显著科研成果的青年科学家给予奖励,激发其创新热情。在职称评定中,加大对青年科学家的倾斜力度,为其提供更多的职业发展机会。定期评选优秀青年科学家,并对其进行表彰和宣传,提高其社会影响力。再次,实施各种类型的人才计划。设立专门的青年人才计划,为有潜力的青年科学家提供重点支持,鼓励青年科学家参与国际交流与合作,拓宽其视野和思路,支持青年科学家组建科研团队,提高协同创新能力。最后,依托重大科技任务、项目及重大创新基地。让青年科学家参与重大项目,提高其实践能力和创新水平。依托重大创新基地,为青年科学家提供良好的科研环境和条件。推动科研成果的转化和应用,提高青年科学家的成就感和归属感。此外,鼓励青年科学家参与实际项目,提高其解决实际问题的能力,开展创新培训活动,提升青年科学家的创新能力和水平,推动不同领域的青年科学家进行跨界融合,激发创新火花。

7.8.4 构建人才激励体系,持续深化人才改革

未来产业的发展离不开人才的支持,为了构建未来产业人才激励政策体系,我们需要在政策上持续深化改革,保障政策的顺利实施。首先,根据现代化发展战略调整和完善人才政策。紧密围绕国家和地区的现代化发展战略,确保政策与宏观经济规划、产业结构调整、科技创新方向等高度契合。通过跨部门协作机制,确保教育、科技、经济等部门在人才政策上的协同一致,形成政策合力,共同推动未来产业的快速发展。建立政策动态调整机制,定期评估政策效果,及时根据现代化发展战略的新要求、新变化进行调整和优化。其次,构建最严格的知识产权保护体系。进一步完善知识产权相关法律法规体系,明确界定知识产权的范围、权利归属、保护标准等,为知识产权保护提供坚实的法律基础。加大执法力度,建立快速响应机制,对侵犯知识产权的行为进行严厉打击,形成有效的震慑作用。广泛开展知识产权保护的宣传教育活动,提高全社会对知识产权保护重要性的认识。通过媒体宣传、教育培训、案例分享等多种形式,普及知识产权知识,增强公众的维权意识和能力。再次,大力引进并留住重点产业领军人才。为重点产业领军人才提供优惠政策,如税收优惠、住房补贴等。为重

点产业领军人才提供良好的职业发展机会和平台。加强对重点产业领军人才的人文关怀，提高其归属感。最后，确保领军人才的稳定性和忠诚度。通过长期激励措施，激发领军人才的积极性和创造力，确保其长期稳定地贡献于产业发展，对在产业发展中做出突出贡献的领军人才给予荣誉表彰和物质奖励，提高其社会声望和影响力，并为领军人才提供个性化的职业规划服务，帮助其实现职业发展目标。

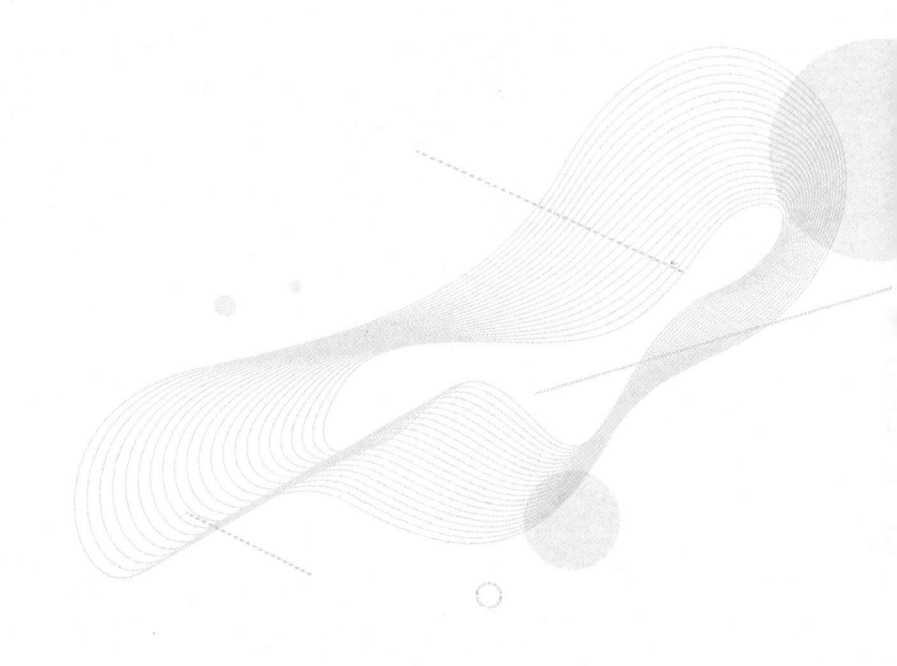

第 8 章
广西未来产业创新发展四大保障

8.1 优化营商环境,健全制度保障

8.1.1 提升政府服务质量,实现流程透明标准化

在当今快速发展的市场环境中,市场主体的满意度成为衡量政府服务质量和效率的重要指标。为此,政府需要不断努力提升服务质量和效率,以满足市场主体的需求。首先,以市场主体满意度为出发点。政府服务的核心目标是满足市场主体的需求,提升其满意度。因此,政府应深入了解市场主体的诉求,关注其反馈,不断优化服务流

程，提高服务质量。其次，数字化政府的构建能够实现政务服务的"一网通办"。通过推动政府数字化转型，运用互联网、大数据等技术手段，提供在线服务和移动服务等多样化的服务渠道，可以实现政务服务全天候、全方位的覆盖，使企业在处理政务时更加便捷高效。再次，精简投资项目审批环节，缩短办理时间，降低企业的时间和成本负担。政府应优化审批流程，减少不必要的环节和手续，提高审批效率。最后，全面实行行政许可事项清单管理制度，确保审批流程透明化和标准化。政府应公开行政许可事项的清单，明确审批要求和流程，规范审批行为，杜绝暗箱操作和权力寻租。此外，政府服务是一个持续改进的过程。政府应定期评估服务质量和效率，及时发现问题并进行改进。同时，政府还应加强与市场主体的沟通与交流，建立良好的政企关系，共同推动经济社会的发展。

8.1.2 降低生产要素成本，助力未来产业减负

降低生产要素成本是推动未来产业降本减负、优化营商环境、促进产业升级的重要途径。首先，政府应通过多种方式降低企业的资金、土地、物流及水资源等生产要素的成本。例如，可以推动金融机构提供更低利率的贷款，或者设立专门的产业发展基金，为企业提供低成本的融资支持；通过优化土地供应政策、提供土地使用优惠等方式，降低企业的用地成本；优化交通网络布局，提高物流信息化水平，减少物流环节中的不必要损耗；通过提高水资源利用效率、推动水价改革等方式，降低企业的用水成本。其次，政府应不断推进减税降费。减税降费是降低企业运营成本和优化商业环境的关键举措。政府可以进一步深化税制改革，通过降低税率、简化税制、优化税收征收管理流程等措施，减轻企业的税收负担。再次，通过优化营商环境，吸引更多优质企业落户、促进产业升级。政府可以通过简化行政审批流程、提高政务服务效率、加强知识产权保护等措施，为企业提供更加宽松的经济环境。最后，政府可以制定鼓励创新、支持研发的政策，引导企业加大研发投入、提升技术创新能力。同时，政府还可以制定有针对性的招商政策，积极引进符合地方产业发展方向的优质企业，通过提供一站式服务、加强项目跟踪等举措，确保项目顺利落地和投产。

8.1.3 优化民营经济环境，建立健全沟通机制

优化民营经济的发展环境对于激发市场活力、推动经济增长具有重要意义。建立健全政府和民营企业之间的阶段性沟通机制，是实现这一目标的关键一环。首先，政

府应定期组织与民营企业家的座谈会、论坛等活动，以便及时了解民营企业的发展状况、问题和需求。这种阶段性的沟通机制有助于政府更好地把握民营经济的发展动态，为政策制定提供有力支持。其次，政府相关部门应不断完善与民营企业之间的沟通交流制度，确保信息的畅通无阻，包括建立专门的沟通渠道，如热线电话、在线咨询等，方便民营企业随时向政府部门反映问题和提出建议。在制定涉及民营经济的政策时，政府应广泛征求民营企业的意见和建议，确保政策的针对性和有效性。同时，政策出台后，政府还应建立反馈机制，及时收集民营企业的反馈意见，以便对政策进行调整和完善。再次，政府应积极搭建一批专门服务于中小民营企业的平台，如金融服务平台、技术创新平台等，以满足它们在融资、技术等方面的迫切需求。最后，政府应积极推动构建"亲""清"政商关系，明确政府与民营企业之间的界限和责任，并加强廉政建设，杜绝权力寻租和腐败现象，为民营经济的发展营造良好的政治生态。此外，政府应通过建立政府与企业之间的联络员制度、定期举办政企对话会等方式，畅通政企之间的沟通渠道，确保民营企业的声音能够及时传达到政府决策层。

8.1.4 加快构建治理体系，保障市场公平竞争

加快构建未来产业治理体系是保障市场公平竞争、促进新兴产业发展的重要举措。首先，建立健全市场监管机制，细化市场准入标准，确保新技术、新业态、新模式在符合法律法规和行业标准的前提下有序进入市场，同时建立灵活高效的退出机制，及时淘汰落后产能和违规企业。在价格监管上，利用大数据、人工智能等技术手段，加强价格监测和预警，防止价格垄断和恶意炒作。在质量监管方面，要强化产品质量安全追溯体系，保障消费者权益，提升企业质量意识。对于破坏市场秩序的垄断行为、不正当竞争行为，必须依法严惩，形成有效震慑，维护公平竞争的市场环境。其次，针对新兴产业的快速发展需求，制定更加精准、有效的产业政策，包括为新兴产业提供税收减免、研发补贴、低息贷款等财政金融支持，降低企业创新成本，激发创新活力。同时，加强产学研用合作，推动科技成果快速转化应用，形成创新驱动的发展模式。此外，还应建立新兴产业标准体系，引导产业规范化、标准化发展，提升产业整体竞争力。再次，加强与其他地区的交流合作，学习借鉴先进的治理经验和模式，如通过举办产业论坛、研讨会、博览会等活动，搭建交流平台，促进不同地区、不同国家之间在产业治理、技术创新、市场拓展等方面的经验分享和合作。最后，积极与国内外优秀企业和机构合作，融入全球产业链，提升自身在未来产业发展中的竞争

力。加强与国际知名企业的合作，引进先进技术和管理经验，推动本地企业的国际化发展。

8.2 改善要素配置，强化资源保障

8.2.1 深化"放管服"，推进要素市场化配置

一方面，深化"放管服"改革，激发市场活力。

首先，在"放"的方面，要持续简化行政审批流程，这是一场刀刃向内的自我革命。通过清理和整合各类审批事项，减少不必要的审批环节和前置条件，有效降低企业设立和运营的制度性成本。特别是对于初创企业和小微企业，应实施更加灵活的准入政策，如"证照分离""多证合一"等改革措施，进一步降低市场准入门槛，让更多有潜力的市场主体能够轻松进入市场，充分释放市场活力。其次，在"管"的方面，要强化事中事后监管，构建以信用为基础的新型监管机制。这意味着政府要转变监管理念，从传统的以审批为主转变为以监管为主，通过加强信息共享、大数据分析等手段，实现对市场主体的精准监管。最后，在"服"的方面，应持续优化政务服务体验，不断提升政务服务的便捷度与效率，其中，"互联网+政务服务"的深化应用是核心驱动力。政府应致力于实现政务服务事项的全面在线化、无界化办理，即"一网通办"，并朝着"至多一次跑腿"的改革愿景迈进。为实现这一目标，需要构建一个集大成的政务服务平台，该平台将有效整合各政府部门的资源，打破信息壁垒，促进数据互通与业务协同，从而形成一个高效联动的服务生态系统。同时，政府应时刻保持对民众与企业需求的敏锐洞察，积极倾听并回应他们的关切与期待。通过提供更加定制化、精细化的服务方案，不仅能够解决他们的实际问题，还能进一步增强他们的服务体验与满意度，让政务服务成为推动社会和谐与发展的重要力量。

另一方面，深化要素市场化配置改革，打造一个高效运作的资源分配体系。

针对土地要素，持续深化土地管理制度革新，健全土地市场架构，确保城乡间建设用地市场的统一与协调。在劳动力要素领域，户籍制度改革的深化是关键一步，旨在消除城乡及区域间劳动力流动的障碍。同时，加强就业服务与职业技能培训体系建设，这不仅能够提升劳动力的整体素质，还能增强其就业竞争力，为经济发展注入活力。对于资本要素，金融体制的改革势在必行。通过拓宽融资渠道，降低融资成本，

以吸引更多资金投入实体经济中。此外，构建多层次资本市场体系，提高直接融资比重，为企业提供更多元化的融资选择，助力其快速发展。在技术要素方面，完善技术创新体系与加强知识产权保护至关重要。通过支持企业加大研发投入、建设创新平台等措施，激发企业的创新活力，提升其自主创新能力。同时，促进科技成果的转化与应用，将科技成果转化为现实生产力，为经济高质量发展提供强大支撑。

8.2.2 健全资金投入机制，强化政府主导作用

建立稳定的财政资金投入机制，整合广西相关产业、科技等专项基金。首先，设立专门服务于未来产业的引导基金，用于支持企业在基础研究、技术创新和市场开拓等方面的工作。除引导基金外，还应设立发展基金和成果转化基金，专注于推动企业的研发成果从实验室走向市场，实现产业化。其次，构建一个覆盖产业发展各个阶段的基金体系，确保从初创期到成熟期的企业都能得到必要的资金支持。在资金投入上，政府应发挥主导作用，为确保资金的使用效率与效果，需要明确投资方向，依据实际需求制订详细的投资计划，并持续监督资金使用情况。再次，将政策性和商业性金融资金结合起来，形成多元化的资金投入模式。政府与金融机构合作，设立风险补偿机制、提供贷款担保等；以举办投资论坛、搭建投融资平台等多种方式吸引社会资本、金融机构和其他投资者参与未来产业的投资，并将资金重点用于支持企业基础研究，以及关键共性技术、核心技术攻关等。最后，支持创新基地平台的建设，为创新活动提供良好的环境和条件，包括提供场地、设备、资金等资源支持。此外，政府应推动创新应用示范区的建设，将创新成果转化为实际应用。这将有助于推动新技术、新产品的市场化和产业化。

8.2.3 降低企业融资成本，构建贷款补偿制度

首先，为了有效降低企业的融资成本，政府须从多个维度出发，持续优化金融政策环境，推动建立更加透明、高效的融资服务平台，减少企业在融资过程中因信息不对称而产生的额外成本，如评估费、咨询费等手续费用。在支持中小企业融资方面，探索建立贷款风险补偿制度，通过财政资金或社会资本的投入，为金融机构向中小企业发放贷款提供一定比例的风险补偿，从而降低金融机构因中小企业贷款风险较高而可能产生的顾虑。其次，强化政策性融资担保，推动融资方式创新。针对金融机构在政策性融资担保方面可能遇到的挑战，政府应主动作为，提供全方位的支持。这包括

但不限于设立专项基金,用于补充融资担保机构的资本金,增强其担保能力。在推动融资方式创新方面,政府应当主动作为,鼓励并助力金融机构创新研发,以市场需求为导向,推出多样化的金融产品和服务。具体而言,政府可以推动直接融资市场的繁荣发展,鼓励企业利用债券、股票等资本市场工具高效筹集资金,满足其多元化融资需求。同时,倡导并推广供应链金融模式,借助核心企业的良好信用背书,为供应链上下游的中小企业搭建融资桥梁,缓解其融资难题。此外,政府还应积极探索金融科技在融资领域的前沿应用,如区块链技术、大数据分析等,这些技术的融入有望显著提升融资流程的效率和透明度,降低信息不对称风险,为金融市场注入新的活力。再次,加大对融资担保的支持力度,拓展业务范围。政府应积极引导融资担保公司加强与银行、保险、证券等金融机构的合作,形成优势互补、风险共担的融资担保体系。通过引入多元化的资金来源和风险分担机制,提高融资担保的覆盖面和可持续性,为更多中小企业提供有力的融资支持。最后,优先支持龙头企业和关键节点企业上市融资,这不仅可以满足企业自身的资金需求,还可以吸引更多的社会资本进入相关领域,促进产业结构的优化升级。政府还应加强与证券交易所、证券公司等机构的合作,为这些企业提供专业的上市辅导和咨询服务;同时,优化上市审核流程,提高审核效率和质量,加强市场监管和投资者保护工作,维护资本市场的公平、公正和透明。

8.2.4 优化能源材料供应,保障产业持续发展

首先,加大对能源基础设施的投入是确保能源安全供应、促进经济可持续发展的重要基石。这要求政府和企业共同努力,不仅要新建一批诸如核电站、风电场、太阳能发电站等先进的能源项目,以满足日益增长的能源需求,还要对现有的能源设施进行智能化、绿色化改造升级,提升能源系统的整体效能。其次,制定更加积极的清洁能源发展战略,加大对太阳能、风能、水能、生物质能等可再生能源的开发利用力度,构建清洁低碳、安全高效的能源体系。此外,建立多元化的原材料供应渠道,特别是针对清洁能源产业链中的关键原材料,如稀土元素、锂资源等,加强国际合作,确保供应链的稳定性和安全性。通过加强与国内外供应商的战略合作,建立长期稳定的供应关系,降低原材料供应风险,为清洁能源产业的快速发展提供坚实保障。再次,加大对新兴科技领域的研发投入,建设高水平的科研平台和创新中心,吸引和培养顶尖人才,为产业升级提供源源不断的创新动力。同时,针对原材料价格波动对企业经营

造成的困扰，政府应建立健全价格调节机制，如设立价格调节基金，对市场异常波动进行干预，稳定市场预期。最后，推动智慧交通、绿色交通的发展，利用大数据、云计算等现代信息技术优化交通管理，提升交通系统的智能化水平。此外，加快信息通信技术的研发和应用，推动产业的数字化转型，提高生产过程的自动化、智能化水平，降低人力成本，提升产品质量和市场竞争力。通过信息化手段，实现供应链各环节的无缝对接和高效协同，为企业的快速发展提供有力支撑。

8.3 改进管理模式，提供效率保障

8.3.1 深化科技创新体制改革，实现高效透明化管理

深化科技创新体制改革，建立融合信用思维和底线思维的治理体系，是推动科技创新和产业发展的重要举措。首先，积极探索建立融合信用思维和底线思维的治理体系，促进政府科技管理方式向创新治理转变，实现更加高效和透明的管理。同时，应推动科技管理方式从传统的行政管理向创新治理转变，可以采取引入市场机制、鼓励社会参与、加强政策协同等措施。其次，政府应加大对教育、科技、人才、金融及产业等领域集成性政策的供给力度，从而共同推动科技创新和产业发展。再次，积极建设和应用数字征信系统，帮助企业和个人建立良好的信用记录，从而更容易获得资金支持和市场机会。数字征信系统将加速形成全创新要素一体化配置能力，这将有助于优化资源配置，确保创新要素能够快速准确地投入到最需要的地方。最后，高效促进人才、资金、技术等全创新要素的流动和匹配，简化审批流程、加强信息共享、提供服务平台。

8.3.2 推动体制机制创新，实施优先审查制度

首先，对于与未来产业相关的发明专利申请实施优先审查推荐制度，以确保那些具有创新性和实用性的发明能够更快地获得专利保护。通过优先审查推荐制度，政府可以加快对创新性和实用性发明的审查速度，使其尽快获得专利保护。这将有助于保护发明人的权益，鼓励更多的科技投入，进而激励更多的科技人员和企业投身于创新活动。其次，加强理论革新和体制机制创新，包括深入研究和借鉴国内外先进经验，探索新的知识权益管理模式，以更好地适应快速变化的市场和技术环境，引入更多的市场化手段来管理知识产权。再次，通过许可协议、技术转移等方式，促进科技成果

的转化和应用，并积极推动科研机构和企业之间的合作，以实现资源共享和优势互补，不仅能够加速技术的商业化进程，还能够提高广西在国际舞台上的竞争力。最后，通过优化产业结构、提升创新能力和加强国际合作等措施，政府将形成以创新为主导的经济发展新模式，为构建新发展格局提供有力支撑。

8.3.3 创新集聚区运营模式，提升集聚区赋能水平

创新未来产业集聚区运营模式，由单纯的管理向赋能转型。首先，整合政府、市场、社会等多方资源，特别是资金、人才和技术等关键要素，为集聚区内的企业提供从初创到成长的全周期支持。具体而言，可以设立专项投资基金，为具有潜力的创新项目提供资金支持；搭建人才交流平台，促进人才流动与知识共享，解决企业"引才难、留才难"的问题；同时，加强与高校、科研机构的合作，推动技术研发与成果转化，加速科技成果向现实生产力转化。其次，为了提升集聚区内企业的创新能力和市场竞争力，应积极引入国内外先进的技术和管理经验。这包括与国内外知名企业和机构建立战略合作关系，通过技术引进、联合研发、品牌合作等方式，提升企业的技术水平和品牌影响力。此外，可以定期举办培训班、研讨会等活动，邀请行业专家、学者为企业管理人员和技术人员提供培训指导，帮助他们掌握最新的行业动态和技术趋势。再次，提供一系列专业化服务，帮助企业解决在成长过程中遇到的各种问题。这些服务包括但不限于市场推广、法律咨询、财务规划、知识产权保护等。通过引入专业的第三方服务机构或自建服务平台，为企业提供一站式解决方案，降低企业的运营成本，提高其发展效率。例如，可以建立市场推广中心，帮助企业制定营销策略；设立法律咨询窗口，为企业提供法律咨询和法律援助。最后，应定期举办论坛、研讨会、展览会等活动。这些活动不仅为企业提供了展示自身实力和产品的机会，更为企业之间的合作交流搭建了桥梁。通过面对面的沟通交流，企业可以了解行业最新动态、发现合作机会、共享资源信息。

8.3.4 创新集聚区管理模式，完善创新链条构建

以解决企业、产业和示范基地运营难题等重大问题为导向，对产业集聚区管理模式进行创新。首先，强化跨学科研究平台的搭建，这不应仅限于自然科学与社会科学之间，还应涵盖工程技术、信息技术、生物科技、艺术设计等多个领域。通过设立跨学科研究基金、创新团队项目，鼓励研究人员跨越传统学科界限，共同探索前沿科技

问题和行业痛点。在交流平台方面，除了定期的学术研讨会和工作坊，还可以利用数字化手段，打破地理限制，促进全球范围内的即时交流与合作。其次，建立长期稳定的产学研合作机制，包括联合实验室、技术创新中心等形式。政府应出台更具针对性的政策措施，如税收优惠、研发补贴、知识产权保护等，以降低合作成本，增强合作动力。同时，加强人才培养与流动机制，鼓励科研院所的科研人员到企业兼职或创业，也支持企业技术人员到科研院所进修学习，形成"旋转门"效应，促进知识、技术和经验的双向流动。最后，通过政策引导和市场机制，促进产业链上下游企业的协同创新，形成优势互补、协同发展的良好生态。加强行业协会、产业联盟等组织的作用，推动制定行业标准、共享行业资源、联合开拓市场。提升区域创新能力，依托高校、科研院所等创新资源，建设一批高水平的创新平台和孵化器，为初创企业和中小企业提供技术支持、融资服务、市场开拓等全方位帮助。

8.4 开展监督评估，加强效果保障

8.4.1 建立基本规则体系，确保考核公正科学

首先，通过开展未来产业绩效考核，建立基本规则体系，确保考核的公正性和科学性，为产业发展提供客观的评价依据。在制定考核规则时，应注重其公正性和科学性，包括明确考核指标、设定合理的评分标准、建立公开透明的考核程序等。通过绩效考核，政府能够客观评价产业发展的成效，了解产业发展的实际情况，为政策制定提供数据支持。其次，应加快建立和完善一体化的评价标准。这些标准将涵盖产业发展的各个方面，确保评价的全面性和准确性。应重点考核重大工程、规划目标、投资目标、工作任务等方面的完成情况，从而了解产业发展的进展，及时调整政策方向。评价标准应涵盖产业发展的各个方面，包括产业规模、技术水平、市场竞争力、社会贡献等。再次，积极推动具有高水平标准的科研成果转化，搭建科技成果转化平台、提供资金支持、优化转化流程。最后，保障多元化成果的落实情况，鼓励企业采用新技术、新产品、新模式等创新成果，提升产业的技术水平和竞争力。

8.4.2 健全实施评估机制，确保产业发展方向

首先，健全实施评估机制，确保产业发展的每一步都精准可控。从多维度、多层次构建一套完整的评估体系，明确每个维度的评估标准和方法，确保评估结果的客观

性和科学性。通过引入大数据、云计算等现代信息技术手段，实现评估数据的实时采集与分析，为评估工作提供强有力的技术支持。此外，年度监测、中期评估和终期评估是评估机制的重要组成部分。其次，依据评估结果，灵活调整与优化政策措施。建立快速响应机制，根据评估结果及时分析产业发展中的亮点与不足，精准定位问题所在。在此基础上，灵活调整和优化现有政策措施，如增加对优势领域的支持力度，调整对瓶颈环节的扶持策略，或引入新的激励措施以激发市场活力。再次，强化跟踪分析与督促指导，确保政策措施落地见效。建立专门的监督机构，负责政策执行情况的日常监督与检查；定期开展专项检查与评估，及时发现并纠正政策执行中的偏差与不足；加强政策宣传与解读，提高政策透明度与知晓率，引导社会各界积极参与政策实施过程。最后，前瞻布局，研究制定专项政策支持未来产业发展。这些政策应紧密围绕产业发展的关键领域和薄弱环节，如关键技术突破、产业链完善、市场拓展等方面，提出具有针对性、前瞻性和可操作性的解决方案。

8.4.3 建立分析与工作调度机制，为决策提供依据

首先，加强未来产业经济运行分析，以"强调度、优供给、提信心、稳预期"为目标，通过深入的分析，可以更好地把握经济运行的趋势和特点，为决策提供依据，从而制定更加精准的政策措施。分析完成后需要定期发布经济运行报告，及时向政府和社会各界通报分析结果，为政策调整提供数据支撑，识别未来产业发展的短板和瓶颈，制定针对性的政策措施，推动产业结构优化升级。同时，通过政策宣讲、媒体宣传等多种方式，向市场传递积极信号，增强企业和投资者对未来产业发展的信心。其次，根据产业发展目标和政策要求，制订详细的月度、季度工作计划，明确各项任务的具体内容，以确保政策落地、项目推进、招商引资等工作的顺利进行。同时，建立定期通报制度，及时向各部门和公众通报工作进展和成果，增加透明度，提升公众信心。再次，政府应统筹调度各项任务，根据工作计划和任务要求，明确各部门、各单位的职责分工和协作关系。对工作流程进行梳理和优化，简化审批程序、提高办事效率。通过建立跨部门协作机制和信息共享平台，实现资源共享和协同作业，提高工作整体效能。最后，从整体、各设区市及重点领域三个层面进行跟踪监测，建立差异化的监测体系，全面了解产业发展的情况，为地方政府提供精准的政策建议和支持，及时调整和优化政策措施，以更好地适应产业发展的需要。

第 9 章
广西未来产业创新发展典型案例：七大主体的视角

9.1 政府

在追求高质量发展的进程中，实体经济构成了发展的基石，而产业的蓬勃发展则是推动进步的核心。本部分以南宁政府为例，展开介绍南宁政府推动未来产业创新发展的举措。坚持以习近平新时代中国特色社会主义思想为指导，致力于加强以实体经

第9章 广西未来产业创新发展典型案例：七大主体的视角

济为依托的现代化产业链建设，以此加速构建符合高质量发展要求的产业体系，持续补链延链强链，推动产业集聚发展，大力发展新能源等千亿元级重点产业，把南宁市建设成为面向东盟的区域性高技术产业和先进制造业基地，成为引领全区工业高质量发展的核心增长极，在推动边疆民族地区高质量发展上展现更大作为。在此期间，南宁市积极抢抓全球产业链深度调整、国家重大政策文件深入落实、深邕合作加快推进等重大机遇，加速抢占产业发展新赛道，精准招引一批百亿元级重大项目和链主企业，加快构建以实体经济为支撑的现代化产业体系。南宁市领导多次就推进产业结构调整工作作出指示批示，亲自研究、谋划相关事宜，各市领导联系服务重大项目重点企业，走访调研，有效解决企业发展、项目建设中的难点问题。各部门各司其职，通力合作，推动集聚以比亚迪、多氟多等一批规模大、增加值高的电池制造业为代表的新兴产业集群，有力带动全市工业提速增效。目前，南宁市电池制造业拉动广西规模以上工业增加值增长近 10 个百分点，对广西规模以上工业增加值贡献率达 137%，成为全市工业增长的最大动力。同时，南宁市利用 2023 中国产业转移发展对接活动（广西）在邕举办的契机，在轨道交通、新能源汽车与机械装备、电子信息等多领域开展一系列精准高效的专题对接，实现项目签约 40 个，总投资达 321.24 亿元。总体而言，南宁市政府在推动广西未来产业创新发展进程中，采取的举措主要涵盖以下两个方面。

一是服务实体，促进发展。调研服务，找到问题是起点，解决问题是关键。南宁市组建壮大实体经济推动高质量发展调研服务工作专班，建立了"市级抓重点、县级全覆盖"服务机制，认真梳理存在的突出问题，锚定"三升两去三消减"目标，祛除不合理、有碍于经营便利的审批事项，消减企业改革发展的制约性、累积性问题，以突出问题的"减法"换取企业成长的"加法"（周剑峰和蒋永亮，2023）。围绕"三升两去三消减"目标，南宁市加快形成党委统筹、班子带动、部门协同、市县主动、政企互动的工作格局，各级各部门结合自身职能主动解决制约实体经济发展的重大问题、共性问题，形成了上下联动、同题共答的服务体系。截至2023年12月5日，南宁市壮大实体经济推动高质量发展调研服务工作专班共整理市领导调研服务收集问题 220 个、各县（市、区）及开发区开展本级调研服务收集问题 376 个，共 596 个问题，已办结 557 个，办结率达 93.5%。在广西壮大实体经济推动高质量发展调研服务总结大会上，1000 家参会企业对 14 个设区市进行满意度现场测评，南宁市荣获满意度第一名。

二是紧盯项目，破除瓶颈。大项目是高质量发展、现代化建设的"硬支撑、强引

擎、动力源"。2023年以来，南宁市以加快培育壮大"新字号"为抓手，围绕12条重点产业链和52个重点方向大力开展产业链招商，积极推进东部新城、"两港一区"项目建设和产业发展，六景化工园区引进了瑞福锂业、润建锰系电池材料等项目，产业招商实现破题；大力推进深邕共建产业合作区，积极开展两市互访调研交流，开展合作区产业规划编制工作，南宁与深圳签订共建南宁（深圳）东盟产业合作区战略框架协议，共同打造面向东盟的跨境产业链价值链；加大创新平台建设力度，新增自治区级企业技术中心13家，构建智库联合协作发展新机制，重点推进中小企业数字化转型，着力解决创新驱动不足问题。除此之外，南宁市委选派了多位杰出的年轻官员常驻服务重点工业项目，如比亚迪和太阳纸业等，这些项目的投资额均超过百亿元。这些官员将发挥桥梁作用，充当企业和项目的联络员，积极协调解决在项目建设过程中遇到的各种难题，确保重大工程能够高效、顺畅地推进。数据显示，2022年南宁市工业投资同比增长53.2%，增速创近21年来新高，在全国省会城市中排名第二。2023年1—10月，工业投资占南宁市固定资产投资的比重为30%，较上年同期提高6个百分点，其中汽车制造业、有色金属冶炼和压延加工业投资增速分别达57.4%、171.4%，带动南宁市投资结构进一步优化升级。

9.2 企业

在推动生产力向更高层次发展的过程中致力于提升科技实力，追求自主与自强，并集中精力攻克关键核心技术难题。通过努力，更多具有创新性和颠覆性的科技成果不断涌现。以玉柴集团为例，该企业在新能源动力领域的探索与实践，为我国乃至全球的能源转型贡献了重要力量。玉柴发布的我国首个实现商业化运营的柔性燃料发动机平台，不仅标志着我国在新能源动力技术上的重大突破，更预示着未来能源利用方式的深刻变革（钟春云和曹万万，2023）。这一平台通过高度灵活的燃料适应性设计，能够高效利用多种能源形式，为汽车、船舶等交通工具提供更加清洁、高效的动力解决方案，对于推动我国能源结构的优化升级具有重要意义。此外，玉柴集团在材料科学、高端制造等前沿领域，也取得了令人瞩目的科技创新成果。例如，7N高纯镓的成功研制，不仅打破了国外技术垄断，还为我国在半导体、光电子等高科技领域的发展提供了关键材料支撑；大型民航轮胎的自主研制成功，则解决了长期以来我国在这一领域依赖进口的问题；氮化镓激光器芯片的研发与应用，更是推动了我国在光通信、激光雷达等领域的技术进步，为我国抢占未来科技制高点奠定了坚实基础。

第9章 广西未来产业创新发展典型案例:七大主体的视角

自 1995 年起,玉柴便确立了其作为我国最大内燃机生产商的地位。进入 2000 年后,玉柴持续领跑全国产销榜首位;到了 2004 年,其以突出表现销售了 21 万台柴油发动机,取得中重型商用车领域全球第一的单厂规模成就。这一卓越表现也体现在企业排行榜上——在中国企业 500 强的评选中,玉柴集团于 2021 年及 2024 年两次成功上榜。同时,2023 年,玉柴集团荣登"2023 中国汽车供应链百强榜"第 10 位,以及"2023 全球汽车供应链百强榜"第 80 位。玉柴致力于以卓越和领先的技术满足广大用户的动力需求。尽管目前我国处于商用车市场的低谷期,但玉柴集团逆流而上,取得令人瞩目的成绩。2024 年,玉柴集团收入总额达 191.34 亿元,同比增长 6.02%。在发动机销售方面,2024 年玉柴集团发动机总销量达 16 万台,较去年同期增长 10.9%。这些卓越的成绩不仅刷新了历史纪录,也稳固了玉柴在国内柴油机行业的领先地位,创造了所谓的"玉柴现象",在汽车行业中引起了广泛关注。

一是以技术创新领先为竞争优势,多次加大自主创新力度。例如,玉柴通过批量生产欧 III 发动机,成功打破了进口发动机在市场上的垄断地位。在电控柴油机领域,尤其是在低排放柴油机的商业运营、维护服务及配件供应体系方面,玉柴开创了新的篇章。此外,玉柴还推出了具有自主知识产权的欧 IV 标准柴油发动机 YC6L350-40。这款发动机采用了电控喷射和排放后处理技术,不仅达到了欧 IV 排放标准,而且在动力性和经济性上表现卓越,具备高功率、低排放、低噪声和高可靠性等特点,非常适合豪华客车和城市公交车等对动力有较高要求的车型。同时,玉柴的 4W 型轿车柴油发动机点火成功,标志着玉柴在国内外柴油轿车发动机领域中处于领先地位。玉柴的 4W 型轿车柴油发动机融合了先进的电控高压共轨燃油喷射技术、四气门设计、可变截面涡轮增压器(VNT)及带中冷器的排气再循环(EGR)等多项尖端技术,有效地填补了我国在微型轿车柴油发动机领域的技术空白。经过多年的研究和努力,玉柴在降低噪声方面取得了显著成就,其 YC4112ZLQ 发动机样机在台架噪声测试中成功通过了 AVL 公司的严格验收标准。在排放控制技术方面,玉柴一直处于国内行业的前列,特别是在电控和高压共轨技术上取得了重大进展,并提前推出了符合欧 II 和欧 III 标准的发动机型号。目前,玉柴共有 53 种机型达到了欧 II 排放标准,9 种机型达到了欧 III 排放标准,这标志着玉柴在打造环保型产品、促进绿色和谐社会发展方面迈出了重要步伐。为了进一步提升研发和检测能力,玉柴建立了国内柴油机行业中唯一的欧 III、欧 IV 排放标准试验台,以及国内最先进的发动机噪声测试设施。这些一流的设备使玉柴成为国内首家全系列欧 II 发动机获得免检资格的企业。同时,玉柴技术中心也被科

技部认定为首批"国家级企业研究开发中心",而玉柴实验室则成为发动机行业中首个获得"国家认可实验室"资质的实验室。

二是构建完善的技术创新体系及强化创新激励机制。玉柴致力于通过构建完善的技术创新体系及强化创新激励机制,确保产品开发既前沿又实用。为实现这一目标,玉柴与全球顶尖的发动机技术开发者及咨询机构,如奥地利的 AVL 公司和德国的 BOSCH 公司,建立了紧密的合作关系。这些国际合作不仅让玉柴能够紧跟国际技术潮流,还持续推动了其创新能力的飞跃。此外,玉柴还积极与国内多所知名高校及科研机构携手,共同打造了一个集科研、教育、生产及试验于一体的新型合作平台。这一举措充分利用了社会上的优质资源,形成了优势互补、互利共赢的战略合作格局,为玉柴的技术进步和产品升级提供了强有力的支撑。2024 年,玉柴集团研发资金投入超 10 亿元,研发重心锚定节能与环保两大核心战略方向。这一年,玉柴成功开辟了一条依靠技术升级与产品结构优化来实现自主创新能力飞跃的新路径,推动其全系列产品线跃升至行业技术前沿。这一重大投资决策直接加速了玉柴在技术创新与产品迭代上的步伐,当年即启动了涵盖 4W 等六大产品线的欧 III 排放标准升级项目,并同步启动了 4G 平台卧式发动机的创新设计工作。在国家正式推行更严格的排放法规之前,玉柴已前瞻性地实现了九大系列产品的欧 III 排放标准达标,其中 6A 与 6L 系列的卧式发动机更是领先一步,达到了更为严苛的欧 IV 排放标准。尤为值得一提的是,针对轿车市场的柴油发动机产品——4W 系列,已成功迈入市场进行小批量试销,这一里程碑式的进展不仅彰显了玉柴在高端轿车柴油机领域的深厚积累,也标志着国产轿车柴油机技术取得了历史性突破,开启了国产柴油动力在乘用车领域的新篇章。

三是科技领先的产品设计与开发战略。玉柴在产品设计与开发领域展现出了卓越的实力,其标志性成就之一便是被科技部认证为首批国家级企业研究开发中心。这一殊荣彰显了玉柴在发动机及其零部件的全方位研发能力,从构思设计到测试验证,再到计算分析,每一步都彰显着专业与精准。玉柴汇聚了众多顶尖技术研发人才,并在全球范围内设立了 3 个研发分支机构,形成了一个强大的国际研发网络。在设计工具的选择上,玉柴紧跟国际潮流,采用美国 UGS 公司的 UG 三维设计软件,结合 Flowmaster、TYCON/EXCITE/FIRE/CRUISE 及 ANSYS 等 CAE 仿真软件,实现了高效的有限元分析与仿真模拟。同时,利用 UGS 的 IMAN 产品数据管理(PDM)系统,玉柴进一步优化了产品设计流程,支持虚拟装配与深入分析,确保每一个细节都尽善尽美。玉柴实验室更是行业内的佼佼者,作为首个获得"国家认可实验室"认证的发动机实验室，其建筑面积超过 40000 平方米，配备了业界领先的实验设备。其中，排放测试仪、动态台架实验台、低温启动实验室及噪声实验室等设备的引进在国内同行业中开创了先河，为产品的性能验证与质量控制提供了坚实保障。此外，玉柴的新产品试制车间也展现出了强大的生产能力，年小批量生产能力超过 3000 台，为快速响应市场需求、加速新品上市提供了有力支撑。综上所述，玉柴凭借其在研发能力、设计工具、实验设施及生产能力上的全面优势，持续推动着发动机技术的创新与进步。

四是加强创新理念的引领作用。玉柴围绕"绿色发展、和谐共赢"的发展战略，从环境优化与和谐上创新思维、从新战略构架上创新思维、从可持续发展目标上创新思维，树立绿色新理念、战略新理念、目标新理念。玉柴自主研发的全球首款混合动力电驱无级变速动力总成成功上市，这一重要突破终结了国外技术在无级变速领域的垄断，标志着国产电驱无级变速技术实现了从零到一的重大进展；广西飓芯科技有限责任公司率先实现氮化镓激光芯片产业化，填补了国内相关产品空白，实现了紫、蓝、绿光半导体激光器芯片的进口替代和自主可控；桂林桂冶机械公司生产的真三轴六面顶液压机，打破了国外在高温高压高端装备制造领域的技术封锁，跻身国际领先行列。在跃动的广西工业发展曲线里，科技创新是最强劲的脉搏。近年来，玉柴始终以创新为驱动核心，积极响应并深度践行广西工业强化战略，全力推进创新驱动发展战略落地实施。2024 年，玉柴在多个领域取得重大创新突破。生产制造环节，融合 5G、人工智能技术，实现从发动机上料至各工序运转的全程自动化。产品研发方面，全球首款混合动力电驱无级变速动力总成（IE-POWER）成功推出，攻克行业"卡脖子"难题，将中国农业装备带入电驱无级变速新时代。凭借持续的创新投入与成果产出，玉柴展现出强劲的市场竞争力与发展活力，为广西科技创新发展注入源源不断的动力。玉柴致力于深化创新链、产业链、资金链和人才链的深度融合，将科技创新这一"关键变量"转化为推动高质量发展的"最大增量"。同时，玉柴还专注于实施产业基础再造工程，以增强产业链的韧性，并大力推进重大技术装备攻关工程，以提升产业链的核心能力。

9.3 高校

在新经济、新业态的浪潮中，技术迭代与产业升级的速度前所未有，这不仅深刻改变了市场格局，也对企业提出了更高的要求。为了在激烈的市场竞争中保持领先地

位，企业不得不加速技术升级与工艺改进的步伐，以技术创新驱动生产效率提升和产品服务优化。然而，这一转型过程并非易事，它高度依赖既精通专业技术又具备实际操作能力，同时深刻理解行业理论知识的复合型人才。然而，随着企业内部分工的日益精细化，这样的人才显得尤为稀缺，成为制约企业持续发展的瓶颈。高职院校作为技术技能人才培养的重要基地，其使命与市场需求紧密相连。它们专注于培养能够迅速适应生产一线需求的高素质技术技能人才，其教学设施与实训设备均紧密贴合行业前沿，确保学生能够在接近真实工作环境的条件下学习与实践。此外，高职院校近年来在师资队伍建设上也取得了显著成效，吸引了大量既拥有深厚理论功底又具备丰富实践经验的教师加入，这些教师不仅是知识的传授者，更是行业技术的引领者和创新者，为培养符合市场需求的高素质人才提供了有力保障。然而，面对新技术、新业态和新产业的加速发展，技术技能的更新周期大大缩短，这对高职院校的人才培养模式提出了严峻挑战。如何在快速变化的市场环境中，确保教学内容与行业发展的同步性，使学生毕业后能够迅速适应并引领行业变革，成为职业教育领域亟待解决的问题。为此，高职院校需要不断创新教育模式，加强与企业的深度合作，共同探索产学研用一体化的路径。一方面，通过与企业建立紧密的合作关系，及时了解行业最新动态和技术发展趋势，将最新的技术成果和工艺标准融入教学内容之中；另一方面，积极引进企业中的专家与技术人员参与到教学环节中，可以通过举办讲座、开展实际操作训练及进行项目合作等多元化方式，为学生提供更为贴近真实工作环境的学习体验，这样做可以显著增强学生的实际操作能力及创新思维。与此同时，高职院校也应当注重加强教师队伍的建设，鼓励教师持续地学习新知识与新技术，以提升他们自身的专业素养及教学技巧。通过组织培训、交流、研修等活动，帮助教师紧跟行业步伐，保持教学内容的先进性和实用性。此外，高职院校还应积极探索校企联合培养、工学交替等灵活多样的教学模式，为学生提供更多实践机会和职业发展路径，培养更多符合市场需求的高素质技术技能人才。

在众多高职院校积极探索应对之策的背景下，广西交通职院积极实践，为破解当下人才培养与企业需求适配难题提供了极具参考价值的范例。广西交通职院通过加强校企合作，利用双方资源共建产业学院，并依托产业学院平台精准解决了企业生产过程中的"痛"与高职院校教学过程中的"难"，实现了产教互融共长。其实践经验可总结为以下两点。

一是产创项目运行是确保高职院校产业学院产教互融共长的载体。依托校企合作，

第9章 广西未来产业创新发展典型案例：七大主体的视角

广西交通职院产业学院将主持或参与的企业生产项目和技术攻关项目纳入教学过程，作为学生的学习任务。学生在参与教学任务的过程中，通过实际操作和问题解决，提升了实践能力和创新思维；同时通过多样构思、多种路径、多种想法、多种手段，让企业亟须解决的生产问题得到快速、高效、合理的解决，推动了企业生产过程中的技术升级和工艺改进的进程和速度。在深化校企合作的过程中，企业将更多、更难、更新的生产项目和技术攻关项目委以校企共建的产业学院完成，这不仅提升了产业学院人才培养过程的教学内容和任务载体项目的质量，还增强了学生的实战经验和就业竞争力。通过这种方式，学校和企业实现了资源共享、优势互补，促进了教育与产业的深度融合，达到了产教互融、螺旋互助共长的目标。

二是"五共一同"合作模式是校企共建产业学院产教互融共长的保障。通过"五共一同"的合作模式，校企双方依托产业学院，在人才培养、技术技能培训、生产实践和技术攻关等领域开展深度合作，建立人才共育、才师共培、生产共担、创新共推、利益共享的协同合作模式（五共一同），实现教育链、人才链与产业链、创新链有机衔接，打通了育人关键环节障碍，是校企共建产业学院产教互融共长的保障。

第一，人才共育。产业学院成立专业教学指导委员会，委员会成员由学校骨干教师、企业骨干等人员共同组成，围绕学校及企业的工作任务，定期召开教学指导会议。产业学院在多个关键领域进行了系统性的规划与综合构建，包括人才培养的目标和标准、课程资源的整合、教学模式的革新、实践教学与激发学生创新精神的方式，以及质量保障机制的建立。在实际操作过程中，产业学院持续进行调整和优化，致力于消除教育培养中遇到的各种障碍。

第二，才师共培。以承接企业一线人才的员工培训作为产业学院成员的义务，校企双方将行业前沿技术融入培训方案，为企业和社会培养创新型人才；企业作为承担社会责任的一部分，参与学院的教学工作，提供兼职教师资源。与此同时，院校内部的专职教师深入企业环境中参与实践工作，进而被培养成为能够为企业解决实际技术难题的工程师。产业学院还为企业中的技术熟练工匠提供必要的培训项目，帮助这些技术专家转变为合格的教育者，从而建立一个充满创新精神的教师团队。

第三，生产共担。在校企共同承担生产项目的模式下，学生得以直接参与到实际的生产项目中，这种"产中学、学中产"的教育方式极大地促进了学生理论与实践的结合。通过这种模式，学生可以直接接触到行业内的先进技术和管理经验，将课堂上

学到的知识应用于解决生产实践中的问题，从而加深理解，提升技能。同时，这种模式还能为学生提供创新创业的平台。通过参与生产项目，学生可以在实践中发现问题，提出解决方案，甚至推动产品创新和技术改良。这不仅锻炼了学生的实际操作能力，也激发了他们的创新精神和创业意识。通过校企合作，可以培养出与产业链高度匹配的复合型技术人才。这些人才不仅具备扎实的专业知识和操作技能，还了解行业发展趋势，能够在毕业后迅速适应职场，满足产业发展的需求。

第四，创新共推。产业学院主动与企业的科技部门建立联系，把企业在生产过程中遇到的难题和挑战作为技术研发的主要焦点，并与企业共同承担这些技术项目，以帮助企业克服技术难题。产业学院的创新教学团队也致力于将企业面临的实际问题融入课堂教学、学生的毕业设计（论文）及创新创业的训练项目中。创新教学团队通过承担技术攻关项目，不仅提升了自身创新能力，同时将创新成果反哺企业，形成校企合作育人的良性循环。

第五，利益共享。校企双方建立校企合作机制，签订利益共享协议，明确双方责任，确保双方利益得到保障。协议要求企业在培训项目、生产项目、技术攻关项目合作和学生就业需求方面首先考虑校方，企业应为校方培养创新教学团队提供条件。协议要求校方把最优秀的人才首先输送给企业，校方在生产和技术攻关方面的合作首先考虑企业，技术研发成果首先在合作企业运用，校方有义务为企业人员提供培训、技术、职称晋升等方面的支持。

9.4　研究机构

作为2023年广西"科改示范企业"，广西化工院坚定不移走自主创新发展道路，坚持科技创新赋能产业，深化体制机制改革，释放创新潜能，紧盯重大战略需求，实现原创性成果的突破和转化，不断融合新质生产力，打造成为区内科技创新的"领头雁"。在科技创新制度建设、加大研发投入、核心技术攻关和科研人才引培等方面持续发力，促进农业科技和新材料领域产业营收突破3亿元。2023年，广西化工院科技投入2123万元，研发经费投入强度达到7.08%，远超平均水平。2024年第一季度，实现营业收入8300万元，销售额达1亿元以上，同比增长17%，科技实体产业化水平稳步提升。广西化工院的创新发展经验可归纳为以下几点。

一是以研发科研项目作为产业支撑。广西化工院通过改革科研项目管理，瞄准"十

第9章 广西未来产业创新发展典型案例：七大主体的视角

四五"中长期发展战略，统筹推进新产品、新技术和基础前沿探索等主线，形成"储备一批、研发一批、应用一批"的可持续发展轨道，在科研项目管理的整个过程中，强调科技创新对产业发展的支撑和引领作用，并注重将科技成果转化的意识整合进去。开展集智攻关和跨部门技术协调等创新管理模式，合理有效配置科研资源，提升可转化科技成果的数量和质量。2023年，广西化工院申报自治区级科技项目10项，推进设立院立项目14项，完成上级项目验收9项，重点申报了广西壮族自治区直属企业科技创新专项资金项目2项，共获得上级科技经费700万元以上。

二是攻克"卡脖子"产业技术难题。广西化工院科研团队驰而不息、久久为功，继续围绕农药化肥、兽药和精细化工三大产业板块"卡脖子"技术开展核心技术攻关，全年组织实施十几项科技攻关项目，形成了一批具有代表性、引领性和时效性的创新成果。其中，对两项农药配方进一步优化调整，技术成果进一步产业化，成功解决甘蔗田除草剂等两个农药新产品稳定性问题，突破兽药与饲料添加剂产品关键技术难题，研究开发补铁饲料添加剂新产品1个、新技术1项。在精细化工产业方向，研究开发新型三聚磷酸盐系列防锈材料产品1个、新技术1项，完成科技成果登记3项。充分发挥科技创新支撑与引领作用，赋能产业高质量发展。

三是持续推动科技成果转化和产业化项目落实落地。在持续做强做优做大三大主业的同时，广西化工院不断创新、孵化、培育新兴产业，以适应市场的变化和需求，通过科技创新，将一批创新成果转化为实际生产力，实现了产业化落实落地。这些创新成果不仅推动了农垦集团农业产业的发展，提高了农业生产效率和产品质量，也为农资产业领域的拓展做出了重要贡献，推动了农业产业链的延伸和升级。为了丰富农用化学品的品种和扩大产能，广西化工院积极投入研发和生产，不断推出新型产品，满足市场需求。同时，推动新型饲料添加剂木薯多糖铁中试项目建设，2024年，广西化工院大力推进该中试项目建设。在新产品、新技术研发的有力驱动下，广西化工院农资板块全年成绩亮眼，营业收入近2亿元，实现利润总额2400万元，同比增长12%。

四是搭建科技创新平台，服务产业化发展。广西化工院紧扣产业发展需要和重点项目布局，以梯次方式成功构建了包括自治区级工程技术研究中心、企业技术中心和广西博士后创新实践基地在内的14个科技创新平台，这些平台共同形成了一个全面的创新链条，覆盖了从科研探索、科技攻关到成果转化和技术服务的各个环节。2023年，广西化工院及所属子公司新增"广西精细化工技术创新中心""广西无机化工新材料技术创新中心"等创新平台。在此基础上，广西化工院全力打造"以创新平台为龙头，以研发实验室为基础"的产业创新保障体系。通过这一体系，有效整合创新资源，为相关产业领域强链补链提供有力保障。2023年内申请国家专利6项，获发明专利授权5项，参与业内标准编制6项。

五是完善科技创新激励措施并着力推动落实。坚持"能给尽给、应给尽给"的原则，确保科技创新得到充分的激励和支持，通过物质和精神两方面的奖励，加大对科技创新的激励力度，解决科技成果转化落地问题。广西化工院面向关键岗位核心骨干人才灵活开展科技成果转化、应用推广和技术服务等多项奖励分配机制，确保关键人才得到应有的回报。探索建立科技创新中长期激励机制，以市场为导向，以增量价值为核心，充分调动技术人员的积极性和创造性，解决推动高新技术产业化和科技成果转化难点、堵点问题。

六是引进与培养科技创新领军人才。近年来，广西化工院通过各种方式引进科技人才39人，从事科技创新的人员比例在30%以上。通过博士后工作站、科技创新平台、科研项目及科技成果转化等方式培育科研人才团队，组建了兽药与饲料添加剂、农用化学品、精细化工与涂料应用等项目及研发团队7个，着力构建科研人才"金字塔"培养体系，推动人才双通道或多通道发展，涌现出一批优秀科技工作者和行业高技能人才。2023年广西化工院获评南宁市E类高层次人才4人、高技能人才16人、南宁市工程师能力素质提升奖8人。

9.5　金融机构

广西北部湾银行积极响应国家、自治区支持实体经济发展的号召，全力落实自治区有关部署要求，用好用活用足"桂惠贷"政策，专注于重大项目建设、地方核心产业、消费增长、乡村振兴及民营小微企业等关键领域和薄弱环节，坚持"以客户为中心"的服务原则，持续推进数字化转型进程。通过运用数字技术优化金融服务并创新服务方式，旨在为客户提供更加便捷、贴心且高品质的金融服务，从而更好地支持实体经济的发展和广西未来产业的持续增长。自2021年"桂惠贷"政策实施以来，广西北部湾银行累计投放"桂惠贷"610.79亿元，惠及7810户市场主体，节约融资成本11.80亿元。其中，2023年1—10月累计投放206.01亿元，惠及4037户市场主体，节约融资成本 3.75 亿元。广西北部湾银行作为金融机构的重要主体，其创新发展经验可归纳为以下几点。

一是聚焦重大项目建设，激发工业振兴新动能。2023 年是广西工业振兴三年行动收官之年，金融工作紧密聚焦工业发展扩量提质、工业经济稳增长，主动用好金融政策优服务、惠企业。在项目实施过程中，广西北部湾银行前期积极与客户对接沟通，快速组建了金融服务团队，为其定制了专业的金融服务方案。在自治区下发"桂惠贷-工业项目贷"名单后，第一时间联系客户，通过总分联动、高效审批，成功发放全区首笔"桂惠贷-工业项目贷"，助力企业获得贷款资金。帮助企业节约融资成本，以高效金融服务助力推进地方重大项目建设。与此同时，广西北部湾银行紧紧围绕工业强桂战略，全力贯彻落实自治区工业提速增效攻坚行动方案具体要求，以"桂惠贷"为抓手，充分发挥"广西自己的银行"的责任担当，结合八桂各地优势重点产业加大信贷投放，加快推进"双百双新""千企技改"等重大项目建设，为持续提升广西工业现代化水平提供金融支撑，扎实推动广西工业高质量发展。截至 2024 年 10 月末，广西北部湾银行投向工业企业的"桂惠贷"共计 105.54 亿元，占投放总量的 51.23%。并且，广西北部湾银行始终致力于深化对广西产业结构和能源结构的优化调整，加速推进绿色金融业务的发展。为此，银行精心策划了一套综合性的绿色金融体系发展战略蓝图，该蓝图全面覆盖了组织架构的优化、专业精英团队的组建、创新产品的孵化、绿色信贷业务的系统化管理与推进、信息技术平台的支撑，以及精准的市场定位与目标客户群的锁定，确保了执行计划的详尽性与可操作性。此战略深度融合了地域特色行业的精髓，秉持着创新引领、科技赋能、低碳先行、环保至上的绿色发展哲学，矢志不渝地推动绿色金融制度框架的健全与完善。为实现这一目标，银行特别设立了专注于绿色领域的专营机构，并精心构建了绿色资产负债管理的科学体系，以强化绿色金融业务的可持续发展能力。此外，银行还携手南宁市政府，共同打造了广西（南宁）碳金融与绿色发展创新联合实验室这一高端平台，旨在通过持续不断的探索与实践，催生出更多符合本地市场需求的绿色信贷创新产品，如绿色应收账款债融业务、碳排放权质押贷款和绿色新能源挂钩贷款等。这些"本土化"的绿色金融产品，不仅紧密贴合了地方经济发展的脉搏，也进一步彰显了银行在推动绿色金融领域深度融入地方经济、服务实体经济方面的坚定决心与卓越贡献。

二是聚焦促消费保供给，激发经济增长活力。广西北部湾银行积极促进消费需求的增长，通过提供多样化的金融产品和服务来满足消费者的不同需求。此外，银行坚持"需求侧"和"供给侧"双管齐下的策略，既关注消费者的需求，也关注供应商的需求，以实现供需两端的均衡发展。主动对接批发零售业、建筑业等行业的金融服务需求，提供个性化的金融解决方案，助力这些行业的发展；加大对重点商贸流通市场主体的金融支持力度，通过贷款、融资等方式，帮助市场主体解决资金问题，提升市场竞争力；通过金融服务助力稳定消费行业产业链提质增效，推动产业链上下游企业协同发展，提高整个产业链的效率和质量；全力保障供给侧稳定，通过金融服务确保供应商的稳定运营，为消费者提供稳定的产品供应；通过优质的金融服务和产品，持续提振消费信心，鼓励消费者增加消费，从而拉动经济增长；通过需求侧和供给侧双向发力，激发经济增长活力，推动经济的持续健康发展。截至2024年10月末，广西北部湾银行发放"桂惠贷-商贸贷""桂惠贷-助建贷"合计10.17亿元。

三是聚焦普惠金融服务，助力小微企业可持续发展。实体经济的重要组成部分之一就是小微企业与个体工商户。广西北部湾银行一直以来深耕普惠金融，结合"桂惠贷"、应延尽延等政策，不断创新普惠金融产品和服务，推动普惠金融增量扩面、提质降本，打造多层次、广覆盖、可持续的普惠金融服务体系，以金融之力"贷"动民营小微企业、个体工商户向阳而生、茁壮成长。截至2024年10月末，广西北部湾银行"桂惠贷"投向小微企业（含个体工商户）共计142.12亿元，占2024年投放总量的68.99%；累计投向民营企业共计156.32亿元，占2024年投放总量的75.88%。广西北部湾银行正积极拥抱金融科技浪潮，加速推进数字化转型进程，致力于打造智能化的客户服务生态系统。该行充分利用自然语言处理（NLP）、自动语音识别（ASR）及文本到语音转换（TTS）等前沿人工智能技术，精心构建智能客服平台与智能外呼系统，以此为核心，辅以电话自助服务与人工客服团队，形成了一套全方位、多渠道的客户服务网络。这一创新服务模式不仅极大地提升了服务的响应速度与处理效率，还实现了全天候、跨平台、个性化的客户服务体验。客户无论身处何地，都能享受到便捷、高效、综合且智能化的金融服务，充分满足了新时代背景下客户对金融服务品质日益增长的期待与需求。广西北部湾银行通过这一系列举措，不仅增强了自身的市场竞争力，也进一步推动了金融服务行业的智能化转型与发展。

9.6 服务机构

梧州市食品药品检验所按照"制造强国、质量强国"战略指引，积极响应自治区关于"做大做强桂茶产业"号召，全力打造六堡茶一站式服务平台，集成监督检验、

第9章 广西未来产业创新发展典型案例：七大主体的视角

风险监控检测、标准制修订、科学研究、技术咨询、产品质量评价等多项功能服务，服务全市75家SC认证茶企、112家茶叶专业合作社增收增效，以技术赋能产业发展与乡村振兴。其工作成效具体体现在以下3个方面。

一是立足国际标准规范，培育一方好茶。梧州市食品药品检验局根据六堡茶产业实际，紧抓"一带一路""东盟""东融"的发展机遇，指导企业按照欧盟标准加强自我监测与质量优化，促进产品质量与品牌价值双提升，让茶叶质量获得国际认可，六堡茶成功通过了欧盟对430多种农药残留的严格检测标准，其产品不仅在国内受到好评，还远销至美国、澳大利亚、德国、马来西亚等20多个国家。这一成就推动了六堡茶从主要面向华侨市场的"侨销茶"转变为广受欢迎的"畅销茶"。六堡茶呈现出产销量双增长、价格稳步上升、发展势头迅猛的可喜局面。2024年5月，梧州六堡茶荣获"2024年中国茶区域公用品牌价值TOP20"第13名，品牌价值已达到49.73亿元，不仅在广西地区位列第一，而且在全国黑茶品类中排名第三。其综合产值也从2020年的85亿元增长到2024年的250亿元，实现跨越式增长。

二是立足产业技术攻关，兴旺一方产业。突破茶产业只做茶叶的局限，组建中国民族医药协会"一带一路"传统医药产业工作委员会标准化办公室，加快筹建国家六堡茶产品质量监督检验中心，大力开展技术攻关研发，在保留六堡茶"红、浓、陈、醇"的传统特色的基础上，助力茶企加速开发六堡茶的新产品，如速溶六堡茶、茉莉六堡茶、柠檬六堡茶、小青柑六堡茶，以及融合梧州和广西特色的六堡茶酒、六堡茶菜、六堡茶保健品等，推动六堡茶向更广阔的市场扩展。同时，联合高等教育机构和行业龙头企业，强化新兴及交叉领域的技术标准研究与制定，加快科技自主创新与技术标准的整合，确保能够及时将特色优势产业中的新技术和新工艺转化为标准，从而增强企业的核心竞争力并掌握行业的话语权。例如，与中华全国供销合作总社杭州茶叶研究院联合进行的六堡茶国家标准实物标样研制工作取得了新成果，成功组织了六堡茶国家实物标准样的小样拼配及评定会议。在会议中明确了特级、一级、二级各等级的感官评分范围，并确定了最终的小样及其来源的比例。

三是立足科技兴农举措，带动一方发展。针对茶农与茶企群体，广泛开展了生产标准化的宣传与推广工作，深入指导企业优化生产工艺流程，旨在提升产品供给质量，并强化从种植到销售的全链条品质管理。通过不懈努力，已成功助力75家茶叶企业获得SC认证，其中一家企业更是脱颖而出，成为农业产业化领域的国家重点龙头企业；

另有两家企业年销售额突破亿元大关，六家企业跻身自治区级农业龙头企业行列，同时培育了122家茶叶专业合作社。这些企业与茶叶专业合作社携手，为超过5万名从业人员提供了就业机会与收入增长机会。对六堡茶的核心产区，特别是苍梧县六堡镇，给予特别关注与支持。通过开辟"绿色通道"、减免检验费用等优惠政策，积极为当地提供六堡茶产品、茶园土壤及水源的专业检验技术服务。针对45家加工企业、73家茶叶专业合作社及35个家庭农场，通过采取上门指导的贴心服务方式，有效促进了生产技术的提升与产量的增长。尤为显著的是，这种帮扶直接惠及28个贫困村与1482户贫困家庭，帮助他们实现了产量的显著提升，每户平均增收3000元，为当地脱贫攻坚与乡村振兴事业贡献了重要力量。

根据梧州市食品药品检验所的发展现状，其通过创新打造"一站式"服务平台，引领产业实现跨越发展的创新经验可归纳为以下两点。

第一，坚持创新核心地位，加强多元化科研创新。引入中国工程院刘仲华院士及其所带领团队的技术力量，对六堡茶的全产业链条进行了全面的创新突破，覆盖从品种优选、精心栽培、精细加工、科学仓储到三产深度融合的每一个关键环节。在此过程中，聚焦于六堡茶的活性成分深度剖析、质量安全保障与风险控制技术的研发。尤为值得一提的是，"广西六堡茶'八新双增'关键技术研究与产业化示范"项目成功获得立项支持，预示着六堡茶产业将迎来新一轮的发展高潮。预计项目落地实施后，将催生出至少20个六堡茶新品种，带动年新增产值超过5亿元的新产品涌现，为产业注入强劲的增长动力。通过坚定不移地执行创新驱动发展战略，构建广西六堡茶种质资源创新与综合利用工程研究中心、广西速溶六堡茶工程技术研究中心等高端平台，并汇聚六堡茶产业科研领域的精英人才，形成了一个集"基础研究—技术突破—成果转化—人才支撑"于一体的全方位创新生态体系，旨在推动六堡茶产业实现高质量发展与持续繁荣。例如，在全国率先运用科技手段建立茶叶评价技术体系，对六堡茶与普洱茶、茯砖茶、千两茶、青砖茶等其他黑茶品种进行了化学物质组成差异的对比研究，成功筛选出六堡茶中特有的活性化学成分。同时，还研究了影响六堡茶质量等级的关键因素，并采用了组效学和指纹图谱技术等先进的检测技术，建立了一套六堡茶产品的量化分级评价技术体系。又如，在全国首次以利用细胞和模型动物（秀丽线虫、果蝇、大小鼠及灵长类动物）的方式，对六堡茶延缓衰老、调节代谢健康等功能进行系统评价，揭示了六堡茶功效的物质基础，并阐明了其保健机制，为六堡茶健康产品的开发提供了理论支持。此外，借助中国工程院刘仲华院士及其团队的科研力量，对六堡茶的品种选育、繁殖和种植等 19 个课题进行了深入的技术攻关，并积极参与了自治区的"六堡茶'八新双增'关键技术研究与产业化示范"项目。该项目成功获得了 4000 万元的立项资助经费，通过技术创新全面提升了六堡茶的产量、产值和品质。

第二，坚持对标国际标准，实施全方位质量检测。作为梧州市食品安全委员会唯一技术成员单位，积极响应国家"一带一路"倡议与"东融"战略的号召，主动融入这一宏大的开放合作格局中，利用自身技术优势，深度参与广西地方标准及国家标准的制定工作。截至 2024 年 8 月，已成功参与编制了 14 项广西地方标准及 1 项国家标准，这些标准的出台，为包括六堡茶在内的特色农产品提供了科学、严谨的种植与生产规范，有效促进了农业标准化、品牌化进程。与此同时，严格参照欧盟的高标准体系，对六堡茶的种植环境、原料选择、生产加工、包装存储等各个环节实施全方位、精细化的检测与监控，并不断进行工艺优化，力求在保留传统风味的同时，进一步提升茶叶的品质与安全性，近 5 年来六堡茶的监督抽检合格率持续保持 100%。2020 年 9 月，六堡茶被列入《中欧地理标志协定》的"第二批保护名录"，借此契机，国内众多从事六堡茶贸易的企业得以打开欧洲市场大门，与法国、秘鲁、日本等多个国家建立合作贸易关系，助力六堡茶在国际茶业版图中占据重要席位（谢羲薇和唐艳，2021）。

9.7 科技成果转移转化机构

加快科技成果向现实生产力转化，跨越成果转化的"死亡之谷"，让科技更好地服务经济社会的发展，不仅正当其时，而且大有可为。近年来，创新驱动发展战略在八桂大地落地生根、硕果累累，科技创新成果不断涌现。河池作为中国有色金属之乡，正应乘风而起，构建好顺畅的科技成果转化链条，靶向发力，推动产业转型升级，在有色金属高端领域占有一席之地。

广西有色金属产业科技成果转化中试研究基地通过自治区认定，成为河池市首家自治区级科技成果转化中试研究基地，实现"零"的突破。广西有色金属产业科技成果转化中试研究基地（以下简称"中试基地"）通过自治区认定，既是河池市工业高质量发展征程上的一个重大成果，也将为河池市打造战略性稀贵金属新材料产业提供坚实的科技支撑。"中试基地"依托广西现代职业技术学院、广西誉升锗业高新技术有限

公司两家单位共同建设，是产学研合作的新模式、新典范。可以说，"中试基地"是新平台，拓宽了科技力量和市场力量的合作渠道；是新生态，把技术研发、成果转化、市场服务、校企合作、人才培养等聚合起来；是新动能，强力推动有色金属产业补链强链、科技和经济紧密结合。能够预见，随着这个科技经济融通平台的成功打造，科技成果转化服务的持续开展，技术研发资源的不断集聚，一幅生机勃勃的有色金属产业创新画卷正在河池市徐徐展开。

一是构建顺畅的科技成果转化链条，让企业在资源配置中发挥"龙头"牵引作用。科技创新不应仅凭主观想象或自我欣赏，而必须紧密结合市场和产业的实际需求，聚焦于"应用"这一核心目标，致力于解决具体的实际问题。长期以来，我们的高校、科研院所科技成果转化存在"两张皮"现象，陷入了"专利多、转化少、需求多、解决少"的困境。与之对应的是，企业在科技创新布局中的地位偏弱。企业是经济社会发展的重要力量，对市场和技术的需求最敏感、理解最深刻。只有加强企业在科技创新中的核心作用，市场的导向效应才能充分体现在研发方向、技术路径、材料工艺及人才等各方面的创新要素上，引导高校、科研院所面向经济主战场、面向重大产业需要开展科技攻坚，从而对产业发展形成有力支撑。中试基地充分发挥自身优势，持续推动有色金属产业产学研用深度融合发展，构建以关键技术自主创新为核心，打造产业和经济互利共赢的"生态圈"，并畅通科技成果转化至实际应用的关键路径。

二是构建顺畅的科技成果转化链条，大力支持科研院所和高校的基础技术研究。根深者叶茂，源浚者流长。如果说高技术产品是科技转化之树的"果实"，那么基础技术研究项目就是大树的"根系"。"中试基地"的建设主体就是广西现代职业技术学院，"中试基地"的负责人就是广西现代职业技术学院智能冶金学院院长。基础技术研究的深度决定着科技创新成果转化的速度和广度。党委、政府和相关企业要舍得"真金白银"，大力支持科研院所和高校的前沿基础研究和关键共性技术的开发转化，提供合适的应用场景去"试错"，让科研成果与市场顺利匹配，帮助科研团队迈出科技成果转化的第一步。同时，政府部门要积极作为，营造尊重人才、鼓励创新、不怕失败的良好氛围，完善人才的培养使用、评价激励与引进机制，让更多基础技术人才竞相涌现，锤炼出一支高水平的有色金属科研队伍。

三是科技赋能发展，创新决胜未来。以"中试基地"为依托，构建顺畅高效的科技成果转化链条。通过这一链条，走出一条科技兴、产业强、经济旺的大道，支撑起千亿级有色金属产业体系的建设。中试基地作为科技成果向产业化转化的关键一环，正在加快科技成果的转化应用，推动有色金属产业的高质量发展。通过这种模式，不仅能够确保科技成果快速、高效地转化为实际生产力，还能够促进整个有色金属产业链的升级和优化，从而为广西的经济发展注入新的活力，推动地区经济实现跨越式发展。

参考文献

[1] ACS Z J, ARMINGTON C. Employment Growth and Entrepreneurial Activity in Cities [J]. Regional Studies, 2004, 38(8): 911-927.

[2] FREEMAN C. Technology Policy and Economic Performance [M]. Great Britain: Pinter Publishers, 1987.

[3] ISARD W. Location and Space-Economy: A General Theory Relating to Industrial Location, Market Areas, Land Use, Trade, and Urban Structure [M]. New York: The Technology Press of Massachusetts Institute of Technology and Wiley, 1956.

[4] POTER M E. Competitive Strategy: Techniques for Analyzing Industries and Competitors [M]. New York: Free Press, 1980.

[5] SHANE S. Why Encouraging More People to Become Entrepreneurs Is Bad Public Polic[J]. Small Business Economics, 2009, 33(2): 141-149.

[6] TOMA S D, GRIGORE A M, MARINESCU P. Economic Development and Entrepreneurship [J]. Procedia Economics and Finance, 2014, 89(1): 436-443.

[7] VERHEUL I, CARREE M, THURIK R. Allocation and productivity of time in new ventures of female and male entrepreneurs[J]. Small business economics, 2009, 33(4): 273-291.

[8] 白永秀,任保平. 区域经济理论的演化及其发展趋势[J]. 经济评论, 2007（1）:124-130.

[9] 白宇轩，张雅俊. 我国发展未来产业的优势条件、重点领域与对策建议[J]. 企业经济, 2023, 42（7）: 90-101.

[10] 百色市统计局. 百色市2022年国民经济和社会发展统计公报[EB/OL]. （2023-04-26）[2023-07-31].

[11] 保罗·克鲁格曼. 发展、地理学与经济理论（中文版）[M]. 北京：北京大学出版社，2002.

[12] 北京市人民政府. 北京市"十四五"时期高精尖产业发展规划[EB/OL]. （2021-08-11）[2023-07-16].

[13] 彼得·尼茨坎普. 区域和城市经济学手册（中文版 第1册）[M]. 北京：经济科学出版社，2001.

[14] 蔡帆，林华庆，张建华. 高校创新体系的演进与优化[J]. 中国高校科技, 2017（8）: 34-36.

[15] 蔡耀君,赵钦,彭新永. 未来产业:引领广西产业升级发展新路径[J]. 市场论坛, 2022(12): 60-63.

[16] 产业政策与法规司. 2023中国产业转移发展对接活动（广西）在南宁举行[EB/OL].

（2023-07-16）[2023-07-26].

[17] 昌盛. 广西培育发展未来产业的对策研究[J]. 市场论坛，2021（4）：5-10.

[18] 陈芳平，曾继慧. 科创金融推动未来产业发展的内在逻辑与路径研究[J]. 甘肃金融，2024（5）：11-17，42.

[19] 陈劲，阳镇，尹西明. 新时代企业家精神的系统性转型：迈向共益型企业家精神[J]. 清华管理评论，2020（Z2）：25-34.

[20] 陈劲，朱子钦. 加快推进国家战略科技力量建设[J]. 创新科技，2021，21（1）：1-8.

[21] 陈劲，朱子钦. 探索以企业为主导的创新发展模式[J]. 创新科技，2021，21（5）：1-7.

[22] 陈劲，朱子钦. 未来产业：引领创新的战略布局[M]. 北京：机械工业出版社，2022.

[23] 陈劲. 聚焦未来产业，探寻管理创新[J]. 清华管理评论，2020（9）：1.

[24] 陈俊英. "未来产业"的概念探讨——以中医产业为例[J]. 福建行政学院福建经济管理干部学院学报，2005（2）：68-70，75.

[25] 陈凯华，冯卓，康瑾，等. 我国未来产业科技发展战略选择[J]. 中国科学院院刊，2023，38（10）：1459-1467.

[26] 陈志. 全球未来产业变革趋势及政策跃迁[J]. 人民论坛，2023（16）：8-12.

[27] 崇左日报. 2023年崇左市招商引资"拼"出新成效[EB/OL].（2024-02-26）[2024-07-22].

[28] 戴铠. 经济发展方式转变背景下的创业与创新创业教育[J]. 商业观察，2022（15）：38-40.

[29] 段世德，吕婕. 新发展格局构建中的金融支持能力提升研究[J]. 新视野，2021（5）：45-50.

[30] 方敏，李景平. 未来产业与科技创新：双生态培育的理论框架与路径探寻[J]. 人民论坛·学术前沿，2024（12）：72-79.

[31] 方晓霞，余晓，叶智程. 未来产业：世界主要发达国家的战略布局及对我国的启示[J]. 发展研究，2023，40（2）：31-38.

[32] 冯晓青. 未来产业创新生态培育的知识产权制度因应[J]. 当代法学，2025，39（1）：29-41.

[33] 付天运. 培育新质生产力的战略选择：未来产业的基本意涵、体系架构与发展图景[J]. 新疆师范大学学报（哲学社会科学版），2025，46（3）：93-103.

[34] 共产党员网. 习近平在中国共产党第二十次全国代表大会上的报告[EB/OL].（2022-10-16）[2023-07-17].

[35] 广西北部湾银行. 广西北部湾银行扎实推进金融"惠"桂[EB/OL].（2022-12-28）[2024-07-25].

[36] 广西宏桂资本运营集团. 广西化工院聚焦科技创新 加速推进企业转型升级[EB/OL].（2021-11-08）[2024-07-25].

[37] 广西交通职业技术学院. 广西交通职业技术学院校企深度融合共建人才培养新模式[EB/OL].（2022-11-18）[2024-07-25].

[38] 广西日报. 加大应用场景创新力度 拉动广西氢能产业发展[EB/OL]. （2024-03-14）[2024-07-24].

[39] 广西日报. 中国东盟新能源汽车检测认证联盟在邕成立[EB/OL]. （2023-05-17）[2024-07-17].

[40] 广西壮族自治区大数据发展局. 关于加快数字化转型发展深入推进数字广西建设的实施意见[EB/OL]. （2022-07-23）[2024-07-17].

[41] 广西壮族自治区党委区直机关工委. 以高质量机关党建服务高水平共建西部陆海新通道[J]. 当代广西，2022（24）：49.

[42] 广西壮族自治区发展和改革委员会. 广西壮族自治区发展和改革委员会关于印发《广西氢能产业发展中长期规划（2023—2035 年）》的通知[EB/OL]. （2023-09-01）[2024-07-24].

[43] 广西壮族自治区海洋局.《广西向海经济发展战略规划（2021—2035 年）》[EB/OL]. （2021-11-15）[2024-07-20].

[44] 广西壮族自治区交通运输厅. 广西壮族自治区交通运输厅关于印发广西壮族自治区民用航空发展规划（2021—2035 年）的通知[EB/OL]. （2022-02-11）[2024-07-22].

[45] 广西壮族自治区交通运输厅综合规划处. 2022 年广西交通运输主要统计指标[EB/OL]. （2023-11-16）[2024-07-22].

[46] 广西壮族自治区民政厅.《广西大健康产业发展规划（2021—2025 年）》[EB/OL]. （2021-10-15）[2024-07-20].

[47] 广西壮族自治区人民政府.《广西大力发展向海经济建设海洋强区三年行动计划（2023—2025 年）》[EB/OL]. （2023-05-08）[2024-07-20].

[48] 广西壮族自治区人民政府. 2023 年广西海洋经济运行情况新闻发布会召开[EB/OL]. （2024-03-28）[2024-07-20].

[49] 广西壮族自治区人民政府. 广西科技创新"十四五"规划[EB/OL]. （2021-10-29）[2023-07-16].

[50] 广西壮族自治区人民政府. 广西深入开展"桂惠贷"支持经济高质量发展新闻发布会[EB/OL]. （2021-11-18）[2024-07-25].

[51] 广西壮族自治区人民政府. 广西战略性新兴产业发展"十四五"规划[EB/OL]. （2021-09-18）[2023-07-16].

[52] 广西壮族自治区人民政府. 广西壮族自治区国民经济和社会发展第十四个五年规划和 2035 年远景目标纲要[EB/OL]. （2021-04-26）[2023-07-20].

[53] 广西壮族自治区人民政府. 广西壮族自治区人民政府关于印发广西综合交通运输发展"十四五"规划的通知[EB/OL]. （2021-10-22）[2024-07-22].

[54] 广西壮族自治区人民政府办公厅. 《深入推进"壮美广西·长寿福地"康养产业 发展三年行动方案（2023—2025 年）》[EB/OL].（2023-11-03）[2024-07-20].

[55] 广西壮族自治区人民政府办公厅. 广西壮族自治区人民政府办公厅印发关于促进广西高新技术产业开发区高质量发展若干措施的通知[EB/OL].（2021-08-17）[2024-07-24].

[56] 广西壮族自治区水利厅水资源处. 2022 年度《广西壮族自治区水资源公报》发布[EB/OL].（2023-08-30）[2024-07-24].

[57] 广西壮族自治区统计局. 2023 年广西壮族自治区国民经济和社会发展统计公报[EB/OL].（2024-03-20）[2024-07-20].

[58] 广西壮族自治区卫生健康委规划处. 2022 年广西卫生健康事业发展统计公报[EB/OL].（2023-10-16）[2024-07-20].

[59] 广西壮族自治区信息中心. 《广西数字经济发展评估报告（2024 年）》[EB/OL].（2024-07-18）[2024-07-25].

[60] 广西壮族自治区信息中心. 《广西数字经济发展评估报告（2024 年）》出炉[EB/OL].（2024-07-18）[2024-07-20].

[61] 广西壮族自治区信息中心大数据发展研究所. 《广西 5G 产业发展白皮书（2023 年）[EB/OL].（2023-11-21）[2024-07-20].

[62] 广西壮族自治区信息中心大数据发展研究所. 《广西人工智能产业发展白皮书（2024 年）》正式发布[EB/OL].（2024-06-25）[2024-07-17].

[63] 郭京京, 眭纪刚, 马双. 中国未来产业发展与创新体系建设[J]. 新经济导刊, 2021（3）: 10-17.

[64] 何青, 杨海龙. 多举措提升金融服务实体经济质效[J]. 金融市场研究, 2023（5）: 85-91.

[65] 胡吉亚. 中国战略性新兴产业融资机制研究[M]. 北京: 中国社会科学出版社, 2016.

[66] 胡少维. 中国区域经济协调发展研究[M]. 北京: 中国水利水电出版社, 2013.

[67] 胡拥军. 前瞻布局未来产业: 优势条件、实践探索与政策取向[J]. 改革, 2023（9）: 1-10.

[68] 黄庆礼, 赵紫威, 王灿, 等. 依托创新基础设施集群培育未来产业的思考[J]. 中国科学院院刊, 2024, 39（7）: 1163-1171.

[69] 黄群慧, 盛方富. 新质生产力视阈下发展未来产业的产业政策: 内涵、功能与创新[J]. 中共中央党校（国家行政学院）学报, 2024, 28（4）: 27-38.

[70] 黄小勇. 区域经济共生发展的界定与解构[J]. 华东经济管理, 2014, 28（1）: 153-159.

[71] 经济日报. 贡献永不停歇的中国动力[EB/OL].（2021-05-26）[2024-07-25].

[72] 李斌, 郭宇靖, 盖博铭, 等. 未来产业: 塑造未来世界的决定性力量[M]. 北京: 北京联合出版公司, 2021.

[73] 李德尚玉, 任怡, 方宁. "双碳"下的创新与机遇: 以技术突破、国际经验助推新能源赛

道发展[N]. 21世纪经济报道, 2021-12-03（011）.

[74] 李军凯, 高菲, 龚轶. 构建面向未来产业的创新生态系统: 结构框架与实现路径[J]. 中国科学院院刊, 2023, 38（6）: 887-894.

[75] 李雷, 何果. 紧跟创新趋势加快广西未来产业布局研究[J]. 企业科技与发展, 2022（12）: 1-4.

[76] 李雷, 牛佳欣. 国内外未来产业创新发展经验及其对广西的启示[J]. 现代商贸工业, 2023, 44（8）: 41-43.

[77] 李利军, 田丽红. 经济学导论[M]. 北京: 中国铁道出版社有限公司, 2016.

[78] 李晓华, 王怡帆. 未来产业的演化机制与产业政策选择[J]. 改革, 2021（2）: 54-68.

[79] 李晓华. 技术推动、需求拉动与未来产业的选择[J]. 经济纵横, 2022（11）: 45-54.

[80] 李晓华. 未来产业的内涵、特征、难点及进路[J]. 新疆师范大学学报（哲学社会科学版）, 2025, 46（3）: 2, 71-80.

[81] 李哲. 为未来产业营造适宜的创新生态[J]. 人民论坛·学术前沿, 2024（12）: 13-21.

[82] 刘立清. 数字金融赋能广西工业高质量发展的路径及对策研究[J]. 市场论坛, 2023（1）: 12-16.

[83] 刘宁. 扎实推动边疆民族地区高质量发展[J]. 人民论坛, 2023（13）: 6-10.

[84] 龙海波. 未来产业创新生态: 框架、实践与动能[J]. 人民论坛·学术前沿, 2024（12）: 29-39.

[85] 迈克尔·波特. 国家竞争优势[M]. 李明轩, 邱如美, 译. 北京: 中信出版社, 2007.

[86] 缪琼, 李怀志, 高婷婷, 等. 技术创新驱动未来产业发展的方向与路径[J]. 中国科技产业, 2023（8）: 58-61.

[87] 南宁日报. 发挥双方比较优势 加强跨境产业合作 为维护产业链供应链安全稳定作出积极贡献[EB/OL].（2023-09-19）[2024-07-25].

[88] 南宁日报. 铆足干劲久久为功 奋力推进"工业强市"[EB/OL].（2023-12-14）[2024-07-25].

[89] 南宁市统计局. 2023年南宁市国民经济和社会发展统计公报[EB/OL].（2024-04-26）[2024-07-25].

[90] 南宁晚报. 南宁市力争2025年轨道交通产业营收超200亿元[EB/OL].（2023-08-08）[2023-07-16].

[91] 邱斌, 吴可心. 以未来产业支撑新质生产力发展: 理论逻辑与实践路径[J]. 江海学刊, 2024（4）: 87-95, 255.

[92] 邱新华. "熊彼特创新理论"对中国创新发展的启示[J]. 对外经贸, 2020（7）: 106-108, 121.

[93] 渠慎宁. 未来产业发展的支持性政策及其取向选择[J]. 改革, 2022（3）: 77-86.

[94] 冉梨，张洪建. 深度融合发展视域下数字出版二元供给体系探索与研究[J]. 编辑之友，2021（2）：38-46.

[95] 人民网. 推动一体化发展 西部陆海新通道互联互通加速[EB/OL].（2024-07-02）[2024-07-24].

[96] 芮明杰. 构建现代产业体系的战略思路、目标与路径[J]. 中国工业经济，2018（9）：24-40.

[97] 芮明杰. 未来产业成长路径与范式探讨[J]. 经济纵横，2025（1）：1-8，136.

[98] 上海市人民政府. 上海打造未来产业创新高地发展壮大未来产业集群行动方案[EB/OL].（2022-09-24）[2023-07-16].

[99] 深圳市发展和改革委员会. 深圳市培育发展未来产业行动计划（2022—2025年）[EB/OL].（2022-12-01）[2023-07-16].

[100] 深圳特区报. 深圳国家高新区"十四五"发展规划发布[EB/OL].（2022-02-22）[2024-07-24].

[101] 沈华，王晓明，潘教峰. 我国发展未来产业的机遇、挑战与对策建议[J]. 中国科学院院刊，2021，36（5）：565-572.

[102] 沈梓鑫，江飞涛. 未来产业与战略性新兴产业的创新与新质生产力：理论逻辑和实践路径[J]. 暨南学报（哲学社会科学版），2024，46（6）：115-129.

[103] 宋微，史琳，杨婧. 2019—2020年韩国政府研发投资方向及战略[J]. 全球科技经济瞭望，2019，34（10）：14-19.

[104] 苏东水，苏宗伟. 产业经济学[M]. 5版. 北京：高等教育出版社，2021.

[105] 腾讯网. 梧州市构建全产业链现代茶产业体系 推动六堡茶产业高质量发展[EB/OL].（2021-05-20）[2024-07-25].

[106] 汪江桦，汤建国，韩莉英. 新兴技术未来产业影响力之作用机理研究[J]. 科技管理研究，2014，34（17）：78-81.

[107] 王丰阁，刘敏. 产业创新体系的构建机理研究[J]. 中国商贸，2013（23）：150-151.

[108] 王革. 推动我国未来产业发展的对策建议[J]. 人民论坛，2023（17）：78-82.

[109] 王华华. 地方政府加快形成新质生产力的产业政策新思考——基于生产要素集聚与未来产业链"双螺旋"耦合的路径[J]. 行政与法，2024（4）：29-42.

[110] 王小林，谢妮芸. 未来产业：内涵特征、组织变革与生态建构[J]. 社会科学辑刊，2023（6）：173-182.

[111] 王小林，张晓颖. 加快布局建设未来产业的四个着力点[J]. 国家治理，2024（17）：41-47.

[112] 王小林. 欠发达地区布局建设未来产业的实践探索[J]. 人民论坛·学术前沿，2024（12）：49-55.

[113] 王晓明. 锚定未来产业：演进趋势及路径展望[J]. 上海经济，2023（1）：4-11.

[114] 王优优. 就业导向下中外合作办学高校大学生科技创新能力培养策略[J]. 中国就业, 2024（2）: 95-97.

[115] 韦金洪, 张中秋, 玉慧. RCEP机遇下广西自贸试验区经贸合作的制约因素及优化策略[J]. 对外经贸实务, 2022（11）: 34-40.

[116] 魏晓文. 让二十大报告点赞的大国重器[J]. 科技创新与品牌, 2022（10）: 17-21.

[117] 吴福象. 产业经济学的发展与学科渗透的趋势[J]. 当代财经, 2004（10）: 71-74, 91.

[118] 西桂权, 靳晓宏, 张婷. 我国未来产业风险监测预警体系的构建逻辑、框架与政策[J]. 科学管理研究, 2024, 42（5）: 40-48.

[119] 习近平. 努力成为世界主要科学中心和创新高地[J]. 当代广西, 2021（6）: 4-7.

[120] 肖劲松. 打造材料强国, 引领未来产业发展[J]. 新经济导刊, 2021（3）: 22-25.

[121] 谢琛, 夏立恒. "揭榜挂帅"是科技创新的有效途径[J]. 经济导刊, 2022（Z1）: 82-85.

[122] 谢芬, 杜坤伦. 未来产业高质量发展的生命周期演化与政策体系构建[J]. 江海学刊, 2024（4）: 96-103.

[123] 新华网. 2023中国产业转移发展对接活动（广西）在南宁举行[EB/OL]. （2023-07-31）[2024-07-25].

[124] 徐建伟, 李子文. 加快未来产业布局建设: 发展规律、现实制约和生态构建[J]. 经济纵横, 2024（10）: 102-109.

[125] 许晔. 前沿技术创新: 未来产业发展的核心驱动力[J]. 国家治理, 2024（17）: 20-25.

[126] 薛晨, 赵迎晨. 数说中国教育这十年: 高校科技创新改革发展成效显著[EB/OL]. （2022-07-19）[2023-07-17].

[127] 杨丹辉. 未来产业发展与政策体系构建[J]. 经济纵横, 2022（11）: 33-44.

[128] 杨慧. 健康中国战略背景下医疗健康产业的发展现状及变革趋势分析[J]. 中国产经, 2023（11）: 117-119.

[129] 姚若军, 高啸天. 氢能产业链及氢能发电利用技术现状及展望[J]. 南方能源建设, 2021, 8（4）: 9-15.

[130] 于金申, 瑞尔·米勒. 从世界到中国: 未来素养何以有必要成为未来教育研究的新视点——于金申与未来学家瑞尔·米勒的对话[J]. 华东师范大学学报（教育科学版）, 2024, 42（3）: 115-126.

[131] 约瑟夫·熊彼特. 经济发展理论[M]. 北京: 商务印书馆, 1990.

[132] 岳强. 中国传统产业政策思想的发展图景——兼谈重农抑商思想的成因与流变[J]. 经济问题, 2018（8）: 6-11.

[133] 张继泽. 未来研究学[M]. 贵阳: 贵阳人民出版社, 2006.

[134] 张建明. 关于完善未来产业投入增长机制的思考与建议[J]. 浙江经济, 2024（10）: 46-47.

[135] 张丽娟. 韩国发布《制造业复兴发展战略蓝图》[J]. 科技中国, 2019（12）: 98-99.

[136] 张三保, 陈堰轩. 大健康产业发展现状与前景[J]. 企业管理, 2021（9）: 58-63.

[137] 张耀芹. 浅析冯尼格特的未来学思想——解读《加拉帕戈斯群岛》所呈现的"末日论"[J]. 现代交际, 2011（11）: 81-82.

[138] 张玥, 黄萍, 罗鉴, 等. 数字文旅产业含义、功能及结构模型[J]. 旅游纵览, 2020（18）: 61-64.

[139] 郑江淮, 陈英武. 以培育发展战略性新兴产业和未来产业加快形成新质生产力[J]. 理论月刊, 2024（9）: 12-19.

[140] 中国电子信息产业发展研究院. 2021—2022年中国未来产业发展蓝皮书[M]. 北京: 电子工业出版社, 2022.

[141] 中国发展改革报社. 未来十年北部湾城市群将加速崛起[EB/OL].（2022-04-15）[2024-07-24].

[142] 中国科学院科技战略咨询研究院. 构建现代产业体系: 从战略性新兴产业到未来产业[M]. 北京: 机械工业出版社, 2022.

[143] 中国科学院科技战略咨询研究院. 美国OSTP提交回应《未来产业法案》的报告[EB/OL].（2022-09-27）[2024-07-25].

[144] 中国贸易报. 广西与东盟持续深化智慧康养合作[EB/OL].（2023-12-12）[2024-07-22].

[145] 中国民航局. 广西各机场春运以来旅客吞吐量涨幅明显实现"开门红"[EB/OL].（2023-02-02）[2024-07-22].

[146] 中国民用航空网.《"十四五"通用航空发展专项规划》[EB/OL].（2022-06-13）[2024-07-22].

[147] 中国社会科学院工业经济研究所课题组. 世界主要经济体未来产业的战略布局[J]. 新经济导刊, 2023（2）: 73-86.

[148] 中国政府网.《数字中国发展报告（2022年）》[EB/OL].（2023-05-24）[2024-07-20].

[149] 中国质量报. 广西梧州市市场监管局建设质量服务"一站式"平台推动六堡茶产业跨越式发展[EB/OL].（2021-09-28）[2024-07-25].

[150] 中华人民共和国中央人民政府. 工业互联网创新发展行动计划（2021—2023年）[EB/OL].（2020-12-22）[2023-07-16].

[151] 中华人民共和国中央人民政府. 关于加强科技伦理治理的意见[EB/OL].（2022-03-20）[2023-07-16].

[152] 中华人民共和国中央人民政府. 中华人民共和国国民经济和社会发展第十四个五年规划和2035年远景目标纲要[EB/OL].（2021-03-13）[2023-07-16].

[153] 中新网广西. 广西北部湾银行用足"桂惠贷"引"金融活水"润实体经济[EB/OL].

（2023-11-10）[2024-07-25].

[154] 中新网广西. 国内首条氮化镓半导体激光器芯片产线在柳州投产[EB/OL].（2023-03-23）[2024-07-25].

[155] 钟春云，曹万万. 玉柴品牌勇闯市场[J]. 当代广西，2023（14）：43-44.

[156] 周波，冷伏海，李宏，等. 世界主要国家未来产业发展部署与启示[J]. 中国科学院院刊，2021，36（11）：1337-1347.

[157] 周剑峰，蒋永亮. 政企"同题共答"，精准破题聚发展合力——我区开展壮大实体经济推动高质量发展调研服务纪实[J]. 当代广西，2023（16）：34-35.

[158] 朱绍鹏，吴建中，朱琛琦. 民营汽车企业如何推进中国新能源汽车产业化——基于众泰控股集团的实例分析[J]. 现代管理科学，2013（9）：79-81.

反侵权盗版声明

电子工业出版社依法对本作品享有专有出版权。任何未经权利人书面许可，复制、销售或通过信息网络传播本作品的行为；歪曲、篡改、剽窃本作品的行为，均违反《中华人民共和国著作权法》，其行为人应承担相应的民事责任和行政责任，构成犯罪的，将被依法追究刑事责任。

为了维护市场秩序，保护权利人的合法权益，我社将依法查处和打击侵权盗版的单位和个人。欢迎社会各界人士积极举报侵权盗版行为，本社将奖励举报有功人员，并保证举报人的信息不被泄露。

举报电话：(010) 88254396；(010) 88258888
传　　真：(010) 88254397
E-mail：　dbqq@phei.com.cn
通信地址：北京市万寿路 173 信箱
　　　　　电子工业出版社总编办公室
邮　　编：100036